Przemiana
Mutation
Ambasada w Warszawie
An Embassy in Warsaw
Une ambassade à Varsovie

Ambassade de France, Jean-Philippe Pargade architecte
Ambasada Francuska, Jean-Philippe Pargade architekt
The French Embassy, Jean-Philippe Pargade architect

texte de / szkic przez / essay by **François Lamarre**
préface / naprzód / forward **Aleksandra Stepnikowska**

Ante Prima

AAM ÉDITIONS

Aleksandra Stepnikowska

L'Ambassade de France à Varsovie

Ambasada Francji w Warszawie

The French Embassy in Warsaw

Construit au tournant des années 1960 et 1970, le siège de l'ambassade de France reflétait toutes les caractéristiques de l'époque : la force et l'optimisme de l'Europe qui retrouvait son équilibre après la Seconde Guerre mondiale, sa division en deux camps politiques et sa fascination, renfermée sous une forme quelque peu brutaliste, des plus récents acquis de la pensée technologique et de la construction. Comparé à quelques rares ambassades construites à l'époque à Varsovie, cet édifice qui allait au-delà d'une image stéréotypée du poste diplomatique comme immeuble de bureaux représentatif paraissait presque choquant. Le bâtiment futuriste, quintessence de la culture architecturale de l'époque et des possibilités technologiques françaises à leur apogée, suscitait pas mal de controverses. Il était dans la même mesure objet de critique et d'enthousiasme, tant du côté des habitants de la ville que de celui des architectes. La décision de sa localisation fut changée à plusieurs reprises. Établi en 1960, initialement pour un terrain de la place de la Victoire, le projet des architectes français,

Siedziba powstałej w Warszawie na przełomie lat sześćdziesiątych i siedemdziesiątych ambasady Francji odzwierciedlała wszystkie charakterystyczne cechy swojej epoki: siłę i optymizm wracającej do równowagi po II wojnie światowej Europy, jej polityczne rozbicie na dwa obozy i zamkniętą w nieco brutalizującej formie fascynację najnowszymi osiągnięciami myśli technicznej i konstrukcyjnej. Budynek, przełamujący stereotyp placówki dyplomatycznej jako reprezentacyjnego biurowca, na tle nielicznie powstających wówczas w Warszawie delegatur wydawał się niemal szokujący. Futurystyczna budowla, będąca kwintesencją ówczesnej kultury architektonicznej i szczytowych możliwości technologicznych Francji, wzbudzała spore kontrowersje. Stanowiła w równym stopniu obiekt krytyki i entuzjazmu - tak ze strony mieszkańców miasta, jak i architektów.
Decyzje o jej lokalizacji zmieniano kilkakrotnie. Opracowany w 1960 roku - pierwotnie dla terenu na placu Zwycięstwa - projekt francuskich architektów Bernarda Zehrfussa, Henriego Bernarda i Guillaume'a Gilleta, ostatecznie zrealizowano po kilku latach,

Built between the sixties and seventies, the French Embassy reflected all the characteristics of its time, the strength and optimism of a Europe in the process of recovering equilibrium after the war despite the split between two major political powers. Moreover the continent was fascinated by the latest technological developments and building processes. Compared with embassies then built in Warsaw the French building looked more like an office structure than the stereotype of a diplomatic building; a provocative gesture. Such a futuristic project meant not only the best of architectural design at that moment but also the French technical achievement at its upmost. Considered as controversial, it was subject to positive and negative criticisms by architects and the inhabitants of Warsaw.

The location of the project changed several times. Initially located on

Bernard Zehrfuss, Henri Bernard et Guillaume Gillet a été finalement réalisé quelques années plus tard, sous une forme légèrement modifiée, sur un terrain rue Piekna. Il est localisé dans un voisinage proche du Parlement et du jardin Ujazdowski, dans le quartier diplomatique naissant qui comprend les environs des allées Ujazdowski près du parc d'Agrykola, considérées parmi les plus belles zones de Varsovie, dominées par les immeubles historiques, datant pour la plupart des XVIIIe et XIXe siècles. L'environnement n'avait pourtant pas d'importance pour l'inscription du projet à la nouvelle localisation, sa force résidant dès le début dans son autonomie totale.

La conception du siège de l'ambassade de France a été réalisée à partir de cinq paires de puissants pylônes en acier. Cette solution a permis d'utiliser des planchers de grande envergure. Étant donné la nécessité d'une division fonctionnelle entre la partie consulaire et la partie confidentielle, abritant entre autres la chancellerie, division exigée pour des raisons de sécurité et conditionnée par le climat politique du temps de la guerre

w lekko zmienionym kształcie, na działce położonej przy ulicy Pięknej. Zlokalizowana jest ona w bliskim sąsiedztwie Sejmu i Ogrodu Ujazdowskiego, w kształtującej się dzielnicy dyplomatycznej, która obejmuje zaliczane do najpiękniejszych fragmentów Warszawy okolice Alei Ujazdowskich w pobliżu Agrykoli, zdominowane przez historyczną, w większości osiemnasto- i dziewiętnastowieczną zabudowę. Otoczenie nie miało jednak znaczenia dla adaptacji projektu do nowej lokalizacji – jego siłą od początku była całkowita autonomiczność.

Konstrukcja siedziby ambasady Francji została oparta na pięciu parach potężnych stalowych pylonów. Dzięki takiemu rozwiązaniu możliwe było zastosowanie stropów o dużej rozpiętości. Ze względu na konieczność funkcjonalnego podziału na część konsularną i niedostępną – kancelaryjną, wymuszonego względami bezpieczeństwa, a uwarunkowanego politycznym klimatem czasów Zimnej Wojny, trzykondygnacyjny budynek rozbito na dwa niesymetryczne, niezależne moduły, rozdzielone zadaszonym stalowym skrzydłem patio. Najbardziej charakterystycznym elementem zespołu była nietypowa okładzina

Victory Square and designed by three famous French architects, Bernard Zehrfuss, Henri Bernard and Guillaume Gillet, it was built a few years later in a slightly modified form, on Piekna street. Close to the Parliament Building and the Ujazdowski Gardens, it belongs to the new and expanding diplomatic district.
In the neighbourhood of the Ujazdowski paths and Agrycola Park, it is an area considered today as one of the most attractive districts of Warsaw, a part of the city with numerous historical structures most of which were built in the eighteenth and ninteenth centuries. As an environmemt it did not interfere with the design of the project.

Due to the political climate of the time, security requirements imposed a radical separation between the consular area and the more restricted access zones including the chancellery. The three-story building

5

froide, le bâtiment de trois niveaux a été scindé en deux blocs asymétriques et indépendants, séparés par un parvis couvert d'un auvent en acier. Le revêtement peu typique des façades réalisé avec des panneaux en aluminium conçus par Jean Prouvé, précurseur de l'emploi de ce matériau dans la construction, était l'élément le plus caractéristique de l'ensemble. Avec le fossé entourant le bâtiment et permettant un meilleur éclairage du sous-sol, ce revêtement donnait à l'ambassade une caractéristique décidément défensive, en venant souligner l'extraterritorialité du poste. En 1980, le programme de la représentation française a été complété par la résidence de l'ambassadeur conçue par l'architecte français Guy Autran. La vaste villa située au fond des jardins a cependant été réalisée selon une convention postmoderne tout à fait différente.

Dans les années 1990, il y a eu un fort besoin d'inverser l'image de l'État. Plusieurs facteurs y ont contribué, avant tout l'évolution du rôle de la diplomatie en trente ans, l'avènement des nouvelles technologies ainsi que le tournant historique lié à la chute

elewacji, wykonana z aluminiowych paneli, według projektu architekta i designera Jeana Prouve – prekursora wykorzystania tego materiału w budownictwie. W połączeniu z otaczającą budynek fosą, umożliwiającą doświetlenie najniższej, podziemnej kondygnacji, nadawała ona budowli zdecydowanie defensywny rys, podkreślając eksterytorialność placówki. W latach osiemdziesiątych program przedstawicielstwa uzupełniono o rezydencję ambasadora, zaprojektowaną przez francuskiego architekta Guya Autrana. Obszerną willę, położoną w głębi ogrodu, zrealizowano już jednak w całkowicie odmiennej, postmodernistycznej konwencji. W ostatniej dekadzie XX wieku powstała silna potrzeba zmiany wizerunku państwa. Złożyło się na nią wiele czynników, przede wszystkim ewolucja roli dyplomacji na przestrzeni trzydziestu lat, nadejście epoki nowych technologii, a także zwrot historii, związany z upadkiem muru berlińskiego i płynącymi z niego konsekwencjami. Jednak spójność i konsekwencja pierwotnej wizji architektonicznej, z ówczesnej perspektywy nadrzędne wobec komfortu codziennego użytkowania, uniemożliwiały wprowadzenie zmian bez zanegowania głównych idei

was divided into two independant asymmetrical blocks separated by a large open space covered by a high steel canopy. A series of vertical aluminium panels designed by Jean Prouvé aligned the entirety of the facades of both blocks. Such panels and the five couples of steel pylons supporting extremely long floor slabs were the most spectacular features of the building. The moat surrounding the project was another one and gave it a definite defensive look, a concrete expression of its extraterritoriality.

The fall of Berlin's Wall and the consecutive changes in diplomatic processes resulted in a need to overhaul France's image abroad. It required a definite obligation to lessen the look of the French Embassy in Warsaw. A drastic move was needed which seemed difficult since most, if not all, building amenities and functions had been sacrificed to its strong appearance. All modifications would therefore alter

du mur de Berlin et à ses conséquences. Cependant, considérées à l'époque comme supérieures au confort d'utilisation, la cohérence et la logique de la vision architecturale d'origine empêchaient l'introduction de changements sans la négation des principales idées conceptuelles, en réservant aux futurs auteurs de la modernisation un défi exigeant une grande souplesse.

Quelques dizaines d'équipes ont participé au concours international lancé en 1999. L'obligation de désamianter le bâtiment déterminait sa démolition partielle. Nécessaires étaient également le remplacement des installations techniques usées et celui de l'isolation thermique de l'édifice. Toutefois, la décision portant sur l'échelle de la future rénovation et sur le changement du mode de fonctionnement de l'ambassade a été laissée aux concepteurs.

Lauréat, Jean-Philippe Pargade envisageait de répondre aux plus hauts standards dans le domaine des conditions de travail et de la communication interne, tout en réduisant au maximum l'ingérence dans la structure déjà existante. Le fait que deux aspects

projektowych, stawiając przed przyszłymi autorami modernizacji wyzwanie wymagające sporej elastyczności.

W ogłoszonym w 1999 roku międzynarodowym konkursie wzięło udział kilkadziesiąt zespołów. Konieczność usunięcia z budynku azbestowych elementów determinowała jego częściowe wyburzenie. Niezbędna była także wymiana zużytych instalacji technicznych i izolacji cieplnej obiektu, jednak decyzję o skali jego renowacji i zmianie sposobu funkcjonowania delegatury pozostawiono projektantom.

Nagrodzona koncepcja, autorstwa Jeana-Philippe'a Pargarde'a, zakładała sprostanie najwyższym standardom w zakresie warunków pracy i komunikacji wewnętrznej, przy możliwie jak najmniejszej ingerencji w zastaną strukturę. Świadectwem szacunku dla wizji architektonicznej twórców ambasady stało się zachowanie dwóch najistotniejszych aspektów oryginalnego projektu. Pierwszym z nich było pozostawienie fasadowych odlewów, stanowiących o industrialnym charakterze budynku, nierozerwalnie związanych z pierwotną ideą architektoniczną. Technicznie przestarzałe moduły, o retrofuturystycznej już dziś formie, poddano czyszczeniu i

its original design principles, and would impose on a future architect to solve an unusual and tricky puzzle. Technical problems were to be resolved in priority: the replacement of the outdated technical fittings and obsolete thermal insulation as well as the removal of asbestos meant partial demolition of the building. These among other decisions were left to the architects taking part in the international competition for a total renewal of the Embassy, launched in 1999.

Jean-Philippe Pargade's winning design implied definite references to the original concepts and formal character of the first project, a will to maintain the division between both parts of the Embassy but to reformulate it. Pargade's proposal also included reuse and some redesign of the Prouvé aluminium panels for the upper levels of the facades, the ground level being entirely glazed and transparent creating a metaphor of present

essentiels du projet d'origine aient été conservés par la suite témoigne du respect pour la vision architecturale des concepteurs de l'ambassade. Tout d'abord, ont été maintenus les panneaux moulés des façades qui déterminent le caractère industriel du bâtiment et qui sont inséparables de l'idée architecturale d'origine. Les modules techniquement archaïques dont la forme n'est plus aujourd'hui que rétro-futuriste ont subi un découpage et ont été recouverts d'une couche en téflon protectrice contre la pollution et la corrosion. Leur réemploi dans la construction des façades repose sur le principe des fenêtres à caisson : les panneaux ouvrants des parois des bureaux reproduisent la forme des éléments extérieurs. De l'intervention délicate vient témoigner également la mise en relief de la scission spécifique du volume de l'édifice, grâce à l'emploi d'une verrière qui abrite désormais le parvis situé entre les deux corps de bâtiment d'origine. Le vaste hall, illuminé par le cube de la salle de conférences, suspendue au dernier étage, met en communication les parties est et ouest ; traversé par des passerelles de

zabezpieczono powłokami z teflonu przed zanieczyszczeniem i korozją. Ich ponowne użycie w konstrukcji elewacji zostało oparte o zasadę okna skrzynkowego —w otwieranych panelach ścian pokojów biurowych odtworzono kształty zewnętrznych elementów. O delikatności interwencji świadczy również zaakcentowanie swoistego rozbicia bryły budynku, pomimo przeszklenia dziedzińca pomiędzy dwoma korpusami. Przestronny, poprzecinany pomostami hol, łączący część wschodnią i zachodnią, rozświetlany podwieszoną kostką sali konferencyjnej na ostatniej kondygnacji, powtarza pierwotne rozcięcie obiektu i otwiera perspektywę na położony na jego tyłach park. Pozbawioną wewnętrznych podpór, oszałamiającą przestrzeń o wysokości ponad dwudziestu metrów, pełniącą funkcje reprezentacyjne podczas większych uroczystości, uzyskano poprzez zwieszenie elementów nośnych przeszklonej fasady z konstrukcji dachu.
Przekształcenie najniższej kondygnacji w garaże oraz powiększenie - poprzez zasypanie fosy od strony ulicy - powierzchni ogrodu, zmieniło relacje budynku z otoczeniem i złagodziło w znacznej mierze jego zamknięty charakter.

ongoing international relationships. Due to a slightly raised plinth, the building was meant to appear much lighter than it was originally. Moreover the former open space between the two blocks was to be reorganized as a magnificient hall of twenty metres high furnished with a spectacular circular staircase, several walkways and a suspended cubic conference room underneath the glazed flat roof. Enclosed in its front and back by two glazed facades, this space, designed as a grandiose entrance, could also be used as an official reception room. In order to give the Embassy a less aggressive look and to increase the size of the garden, Pargade planned to fill the moat along the main facade.

If all the main features of Pargade's winning project have been achieved, the architect had to rethink and redesign all the main zones of the Embassy according not only to their function but to their degree of accessibity. The reception desk,

distribution, il reproduit la coupure originelle de l'édifice et ouvre une perspective sur le parc qui se trouve à l'arrière. Dépourvu de contreforts intérieurs, cet espace vertigineux de plus de vingt mètres de hauteur remplit les fonctions de représentation lors des manifestations importantes ; il a été réalisé grâce à l'accrochage à la toiture des éléments porteurs de la façade vitrée.

La transformation du sous-sol en parking et l'augmentation de la surface des jardins due au comblement des douves du côté de la façade principale ont changé les relations du bâtiment avec son environnement et ont atténué dans une large mesure son caractère fermé.

Au rez-de-chaussée, les panneaux modulaires ont été remplacés par un vitrage symbolisant la transparence des relations internationales. Grâce au soubassement délicatement surélevé, le bâtiment a encore gagné en légèreté. La localisation de l'entrée principale a été conservée, cependant la rampe en béton s'est vue remplacée par une jetée ajourée.

Favorisant le confort des utilisateurs, les changements d'ordonnance fonctionnelle proposés par l'architecte ont été appliqués

Na poziomie parteru moduły okienne zastąpione zostały pasem przeszkleń, symbolizującym przejrzystość międzynarodowych relacji, a dzięki delikatnie uniesionemu nad ziemią cokołowi budynek zyskał dodatkową lekkość. Zachowano lokalizację głównego wejścia, jednak betonową wstęgę podjazdu zamieniono na ażurowy trap. Zaproponowane przez architektów zmiany w zakresie rozplanowania funkcji, sprzyjające wygodzie użytkowników, zastosowano na wszystkich kondygnacjach. Na parterze usytuowano recepcję, sale konferencyjne i konsulat, na piętrze – biura przyjmujące interesantów, zaś na ostatniej kondygnacji – kancelarię dyplomatyczną o ograniczonym dostępie. Zaaranżowane z dużą swobodą, bezpretensjonalne, częściowo otwarte pomieszczenia, o częściowo wykończonych jasnym drewnem ścianach i sufitach, rozdzielone zostały przez szerokie ciągi komunikacyjne. Kolorystykę wnętrz oparto na silnym kontraście ruchomych elementów meblowych w tonacji intensywnego oranżu, z szarymi płaszczyznami posadzek.
Uzyskany w wyniku tych działań efekt końcowy mógłby stanowić pokazową lekcję umiejętnego wykorzystania potencjału

the consulate and a conference room, accessible to a general public, are therefore located on the ground floor while specific office complexes occupy the first level. The limited access upper floor harbors the diplomatic chancellery and all its annexes. Whatever their function and importance all offices are quite simple in terms of decorative design. Some of them are open, others are closed. Whatever their organization, their walls and ceilings are all made out of light clear wood which generates a soft light on their spaces. The bright orange of the ground level furniture constrasts starkly to the grey floor surfaces.

The end result of Pargade's achievement in Warsaw went far beyond his competition project. He succeeded brillantly to turn an old structure with an abnormally strong architectural expression into a functional, elegant and cheerful building, retaining a reference if not the entire spirit of the original project. So doing, Pargade revealed a stunning

à tous les niveaux. Le rez-de-chaussée est ainsi réservé à l'accueil, à une salle de conférence et au consulat, le premier étage reçoit désormais les bureaux des services accueillant un public ciblé et le dernier étage abrite la chancellerie diplomatique à accès limité. Aménagés avec beaucoup de liberté, sans prétention, les locaux partiellement ouverts aux parois et aux plafonds recouverts en partie de bois blond ont été séparés par de larges couloirs. La couleur des intérieurs repose sur un contraste fort du mobilier orange vif et des surfaces grises au sol.

Le résultat final obtenu à la suite de cette intervention pourrait constituer une leçon exemplaire d'une adroite mise à profit du potentiel de la conception originale avec l'application des moyens les plus simples. Le respect de l'œuvre des prédécesseurs, visible dans la rénovation soignée de la structure originelle, associé à l'audace contrôlée et digne d'une conception d'éléments nouveaux, a fait acquérir au siège réhabilité de l'ambassade de France le caractère symbolique d'un témoignage fort et vivant des nouvelles technologies d'une époque révolue.

tkwiącego w oryginalnym pomyśle przy użyciu najprostszych środków. Poszanowanie dzieła poprzedników, widoczne w starannej renowacji pierwotnej struktury, połączone z godnym pochwały kontrolowanym rozmachem w projektowaniu nowych elementów, sprawiły, że odnowiona siedziba ambasady Francji zyskała charakter nasyconego nowoczesnymi technologiami, żyjącego symbolu-świadectwa minionej epoki.

boldness in the implementation and management of an unrealistic program as well as an exceptional intelligence in designing new elements and interweaving them with previous ones: a feat of strength which reflects French virtuosity, and significant French architectural imagination.

François Lamarre

Un témoin des trente glorieuses

Świadectwo czasów powojennego trzydziestolecia (trente glorieuses)

Comment est-il arrivé là, ce grand vaisseau arrimé sur la rue Piekna, à deux pas de la Diète, le Parlement polonais ? Toute une histoire, et des plus embrouillées ! L'allure entre-temps a changé, gommant en partie l'aspect brutaliste, nimbé de science-fiction, de la construction d'origine. Toujours insolite, l'ouvrage invite au voyage dans l'espace et le temps, à la découverte de l'objet sous-jacent. Comme partout à Varsovie, il faut remonter au lendemain de la dernière guerre mondiale, quand tout repart de zéro ou presque, avec un dixième de la population et autant du bâti d'origine.

L'immédiat après-guerre offre un spectacle de désolation. Cruellement meurtrie par les bombardements, Varsovie n'a pas survécu à la destruction systématique orchestrée par les Nazis à partir de l'insurrection du ghetto en 1943 jusqu'à leur départ en janvier 1945, au profit des troupes soviétiques stationnées depuis l'été sur la rive est de la Vistule. Détruite

Jak do tego doszło, że ten wielki statek osiadł na ulicy Pięknej, o dwa kroki od Sejmu ? To długa i niezwykle zagmatwana historia. Od tego czasu budynek zmienił wygląd, częściowo zmodyfikowano niemodny i przywodzący na myśl atmosferę filmów science fiction kształt oryginalnej konstrukcji. Ta wciąż niezwykła dzisiaj budowla zaprasza w podróż w czasie i przestrzeni, w poszukiwaniu swej pierwotnej formy. Jak w przypadku każdego innego miejsca w Warszawie, trzeba cofnąć się do czasów tuż po drugiej wojnie światowej, kiedy wszystko lub prawie wszystko zaczynano od zera i kiedy miasto liczyło jedną dziesiątą swojej przedwojennej populacji i zabudowy.

Tuż po wojnie spustoszone miasto przedstawiało smutny widok. Okrutnie doświadczona podczas niemieckich bombardowań we wrześniu 1939 roku, Warszawa nie przetrwała zorganizowanej na wielką skalę akcji systematycznego niszczenia miasta przez hitlerowców, trwającej od powstania w getcie warszawskim w 1943 roku, aż do ich odwrotu w styczniu 1945 roku i wkroczenia oddziałów radzieckich

The French Embassy in Warsaw, a revamped Heritage?

Built in the late sixties, the former French Embassy by the turn of the century had to be entirely redesigned and rebuilt. The project was modern enough to fulfill both French and Polish wishes. Its advanced technologies and introverted massive look, surrounded by a moat were then understood as a meaningful symbol of the French political ideology within a country of the Eastern Block.

Thirty years later the cold war was over and the meaningful obsolescent symbol - a discredited rusty building which was plagued with numerous internal disfunctions and technical deficiencies.

à 85 %, Varsovie ne compte plus que 120 000 habitants, soit le dixième de sa population à la veille de la guerre. Le palais Frascati, siège de l'ambassade de France, a subi le sort commun et n'existe plus qu'à l'état de ruines. Acquis par la France en 1932, aménagé à grands frais et inauguré en 1936, ce palais perdu alimente la nostalgie des diplomates de retour à Varsovie. La représentation française n'est pourtant pas à plaindre. Elle échappe au regroupement diplomatique opéré à l'Hôtel Polonia et bénéficie d'un relogement distinct, dans deux villas de Saska Kepa datant des années 1930 : un sort enviable au regard du parc disponible. Ce provisoire durera vingt-cinq ans, jusqu'en en 1971 avec la mise en service de la nouvelle ambassade, objet de notre attention.

Fausses pistes

D'entrée, la France s'est attachée à retrouver son palais ou, à défaut, une adresse digne de son rang. L'architecte Marc Saltet et son confrère Marrast,

stacjonujących od lata na lewym brzegu Wisły. Zniszczona w 85 % Warszawa liczyła zaledwie 120 tysięcy mieszkańców, czyli jedną dziesiątą swojej przedwojennej populacji. Pałac Frascati, w którym mieściła się przed wojną siedziba Ambasady Francji, podzielił los reszty zabudowań Warszawy, zostały z niego jedynie sczerniałe zgliszcza. Nabyty przez Francję w 1932 roku, urządzony wielkim kosztem i oficjalnie otwarty w 1936 roku, ten utracony pałac budził uczucie nostalgii wśród dyplomatów, którzy powrócili do Warszawy po wojnie. Francuskie przedstawicielstwo dyplomatyczne nie miało jednak powodów do narzekań. Uniknęło ogólnego zgrupowania razem z resztą zagranicznych dyplomatów w hotelu Polonia i otrzymało osobną siedzibę zastępczą, dwie wille z lat 30. na Saskiej Kępie : sytuacja godna pozazdroszczenia zważywszy na ówczesny stan zabudowy miasta. Ten przejściowy stan trwał 25 lat, aż do 1971 roku, kiedy oddano do użytku nową ambasadę, stanowiącą przedmiot naszego zainteresowania.

Premières esquisses de Bernard Zehrfuss
Pierwsze szkice Bernard'a Zehrfussa
First sketches by Bernard Zehrfuss

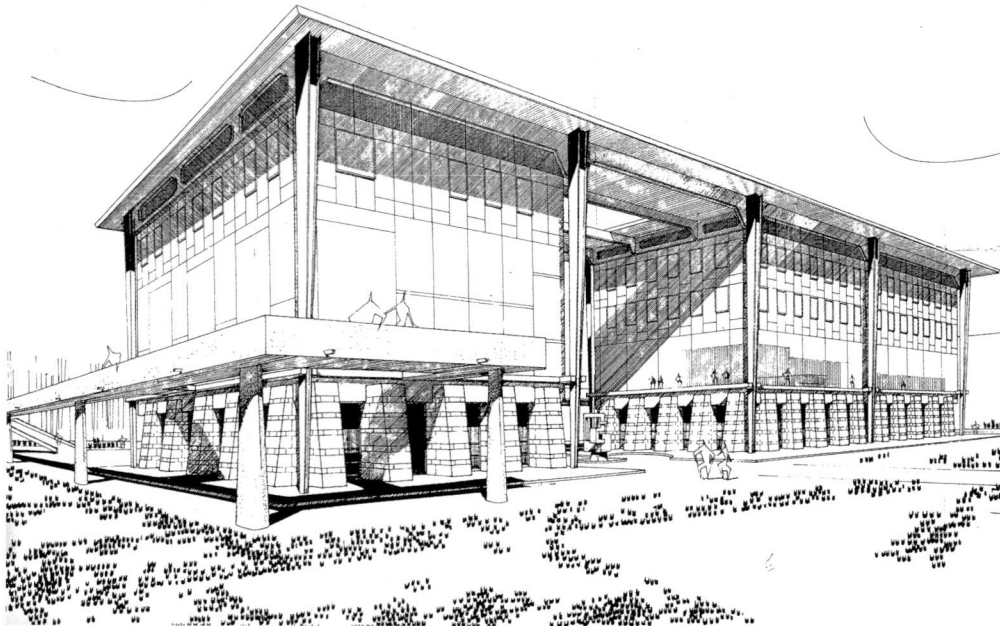

Premier projet, place de la Victoire, 1962 / Pierwszy projekt na placu zwycięstwa, 1962 / *First project, Victory Square, 1962*

Deuxième projet, place de la Victoire, 1963 / Drugi projekt na placu zwycięstwa, 1963 / *Second project, Victory Square, 1963*

Premier projet, rue Piekna, 1964 / Pierwszy projekt na Pięknej, 1964 / *First project, Piekna Street, 1964*

Deuxième projet, rue Piekna, 1965 / Drugi projekt na Pięknej, 1965 / *Second project, Piekna Street, 1965*

tous deux architectes des Bâtiments civils et Palais nationaux (BCPN), sont mobilisés dès 1947 sur des études exploratoires : état des lieux et scénarios de relèvement. Mais réquisitionné par la ville, le palais Frascati est rasé en 1950 et son terrain échangé contre un emplacement sur l'allée Ujazdowski (rebaptisée Stalina), en face de l'actuelle ambassade des États-Unis. Sur ce site, le tandem Saltet-Marrast esquisse plusieurs variantes d'un même projet, dans l'esprit de Louis Sue ou de Tony Garnier selon les années. Aucune ne trouvera grâce aux yeux des autorités polonaises. L'épisode se solde en 1957 par l'abandon du site et des architectes. La même année, la France se voit proposer une nouvelle localisation sur la place de la Victoire, à l'emplacement du palais Kronenberg dont il ne reste que la façade dressée en regard de la tombe du Soldat inconnu. L'architecte Jean Demaret expertise les lieux et conclut à la faisabilité d'une reconstruction. Lui succède Jacques Laurent qui établit deux projets en 1958,

Droga pełna przeszkód

Od początku Francja usilnie starała się odzyskać swój pałac lub przynajmniej siedzibę dyplomatyczną godną jej rangi. Architektowi Marcowi Saltetowi i jego koledze Marrastowi (architektom Wydziału Bâtiments civils et Palais nationaux - BCPN), zlecono w 1947 roku zbadanie terenu : mieli przeprowadzić oględziny miejsca i sporządzić scenariusze przyszłej odbudowy. Jednak Pałac Frascati został zarekwirowany przez miasto i zburzony w 1950 roku, a działkę, na której się znajdował wymieniono na inną lokalizację w Alejach Ujazdowskich (przechrzczonych na Stalina), naprzeciwko aktualnej Ambasady Amerykańskiej. Z myślą o nowym miejscu duet Saltet-Marrast przygotował kilka projektów gmachu w duchu Louisa Sue czy Tony'ego Garniera, w zależności od epoki. Żaden z nich nie zdobył jednak przychylności polskich władz. W końcu w 1957 roku zrezygnowano zarówno z terenu jak i z architektów.
Tego samego roku Francji zaproponowano nową lokalizację przy Placu Zwycięstwa, w miejscu, gdzie stał wcześniej pałac Kronenberga, z którego ocalała jedynie fasada

l'un de relèvement du palais Kronenberg, l'autre d'une construction neuve. Cette seconde hypothèse reçoit l'accord du maire de Varsovie et des autorités compétentes qui souhaitent voir s'ériger un ouvrage moderne dans un cadre de verdure. La démolition des vestiges intervient en 1959, mais aucun des trois avant-projets établis par Jacques Laurent n'est approuvé. Le dernier est repoussé en février 1960 pour « non-conformité des lignes de façade » et son auteur avec. À cet emplacement prestigieux sera construit quelques années plus tard le Grand Hôtel Victoria.

Projet d'un trio
Pour solutionner l'enlisement de la situation, le ministère des Affaires étrangères prend les mesures nécessaires en organisant la consultation de trois architectes de renom, tous grands prix de Rome et élevés au statut BCPN, réputés pour leur modernité inconditionnelle : Henri Bernard, Guillaume Gillet et Bernard Zehrfuss. Chapotée par le ministère de la

od strony Grobu Nieznanego Żołnierza, przy wejściu do Ogrodu Saskiego. Po dokonaniu ekspertyzy miejsca architekt Jean Demaret uznał, że rekonstrukcja pałacu jest możliwa. Inny architekt Jacques Laurent sporządził w 1958 roku dwa projekty, jeden przewidujący odbudowę Pałacu Kronenberga, drugi postawienie zupełnie nowego budynku. Ta druga koncepcja uzyskała zgodę prezydenta Warszawy oraz kompetentnych władz, którym zależało, by na miejscu stanęła nowoczesna budowla otoczona zielenią. Ostatecznie resztki pałacu rozebrano w 1959 roku, ale żaden z trzech wstępnych projektów opracowanych przez Jacquesa Laurenta nie został zatwierdzony. Ostatni z nich odrzucono w lutym 1960 roku z powodu „niezgodności linii fasad", zrezygnowano również z architekta. W tym prestiżowym miejscu wybudowano kilka lat później wielki hotel Victoria.

Wspólny projekt trójki architektów
By wyjść z tego impasu, Ministerstwo spraw zagranicznych zdecydowało się użyć nadzwyczajnych środków i zorganizowało naradę trzech renomowanych architektów,

The future of this blighted ill-suited reminder of bygone times had become a nightmare. French authorities did not know how to deal with the problem. Total or partial demolition had been considered as the whole object had to be entirely rethought, brought up to present-day technical and functional standards. The appearance of the Embassy needed a more attractive look, the latter being probably the most important factor.

Whatever the oddities it was decided not to destroy the building. Three architectural teams were invited to develop proposals for a two-

Culture, alors détenu par André Malraux (1958-1969), la procédure est qualifiée de « formule inhabituelle s'agissant d'immeubles diplomatiques ». L'époque n'est pas encore aux concours d'architecture et la consultation s'effectue dans une ambiance bon enfant, de manière totalement concertée. D'un commun accord, Bernard Zehrfuss prend en main l'opération et s'exprime au nom du trio. En janvier 1961, les trois compères se rendent cinq jours à Varsovie pour faire connaissance avec la ville, le terrain et les autorités locales. Le voyage s'effectue dans la bonne humeur générale, professionnels français et polonais fraternisant. La Commission d'architecture et d'urbanisme de la ville de Varsovie en profite pour exprimer son souhait de voir un projet qui symbolise « l'apport de l'architecture moderne française à l'œuvre dans la reconstruction de Varsovie ».

Au mois de mai suivant, trois esquisses sont soumises à l'architecte-en-chef Ciborowski et aux édiles de la ville, dans

laureatów konkursu w Rzymie, posiadających status członków BCPN, znanych jako zwolenników skrajnej nowoczesności : Henriego Bernarda, Guillaume'a Gilleta et Bernarda Zehrfussa. Podlegającą kompetencjom Ministerstwa Kultury, na czele którego stał wówczas André Malraux (1958-1969), procedurę tę określono jako „niecodzienną formułę w przypadku gmachów placówek dyplomatycznych". W tamtych czasach nie było jeszcze zwyczaju organizowania konkursów architektonicznych i narada przebiegała w miłej i życzliwej atmosferze, przy pełnym porozumieniu konsultantów. Kierownictwo nad operacją koledzy zgodnie powierzyli Bernardowi Zehrfussowi. W styczniu 1961 roku trzech współpracowników udało się z pięciodniową wizytą do Warszawy, aby zapoznać się z miastem i lokalnymi władzami oraz obejrzeć działkę pod budowę ambasady. Wizyta przebiegła w dobrej atmosferze, między francuskimi i polskimi fachowcami nawiązała się nić sympatii. Korzystając z pozytywnej atmosfery, Komisja d/s architektury i urbanistyki miasta stołecznego Warszawy, wyraziła swoje

le respect de la consigne du ministère français : « trois maquettes présentées comme l'œuvre commune de nos trois architectes sans que le nom de l'un d'entre eux soit attaché spécifiquement à l'un ou l'autre des projets ». S'ensuit une longue période de flottement : autorités françaises et polonaises font assaut de politesse et se renvoient la balle. Avec du recul, l'anonymat fait sourire tant la paternité de chaque projet apparaît transparente : volumes primaires pour Henri Bernard, composition plastique et déliée pour Guillaume Gillet, registre industriel et technique pour Bernard Zehrfuss. Pour autant, les trois architectes endossent la responsabilité des trois projets présentés, sans distinction ni réserve, tel qu'ils en ont exprimé le désir. C'est finalement le projet A (manifestement celui de Bernard Zehrfuss) qui l'emporte, obtenant la préférence du Conseil populaire de la ville. L'ouvrage est dès lors campé dans ses grandes lignes : cinq portiques métalliques alignés et une travée vide

oczekiwania w następujących słowach : „projekt winien symbolizować wkład współczesnej architektury francuskiej w dzieło odbudowy Warszawy".
W maju następnego roku zespół przedstawił naczelnemu architektowi Warszawy Adolfowi Ciborowskiemu oraz władzom miasta trzy projekty, stosując się do instrukcji francuskiego ministerstwa : „makiety winny być przedstawione jako wspólne dzieło trzech francuskich architektów, nazwisko żadnego z nich nie powinno widnieć osobno przy żadnym z trzech projektów". Potem nastąpił długi czas wahań : francuskie i polskie władze zasypywały się grzecznościami, przerzucając na siebie wzajemnie odpowiedzialność. Z perspektywy czasu anonimowość projektów budzi uśmiech, tak oczywiste jest autorstwo każdego z nich : toporne bryły Henriego Bernarda, subtelna kompozycja przestrzenna Guillaume'a Gilleta oraz przemysłowo-techniczny styl Bernarda Zehrfussa. Niemniej jednak architekci wzięli wspólną odpowiedzialność za wszystkie trzy projekty, tak jak to sobie założyli. Ostatecznie Rada miejska wybrała projekt A (będący wyraźnie autorstwa Bernarda Zehrfussa).

phased redesign of the Embassy. In year 2000, Jean-Philippe Pargade's project was selected due to its obvious intent to respect the past spirit of the first Embassy and to modernize the features of the original architecture. Four years later, the Embassy personnel occupied and appreciated a totally rebuilt structure, an entirely revamped heritage building.

Indeed the new Embassy today is far more appealing than the previous one. If the main architectural characters of the first project were preserved - its separation in two blocks with an open space in-between,

Hiver 2000 / Zima 2000 / *Winter 2000*

Printemps 2003 / Wiosna 2003 / *Spring 2003*

Hiver 2003 / Zima 2003 / *Winter 2003*

2004

formant parvis d'honneur, avec un rez-de-chaussée surélevé largement vitré, deux étages et un soubassement en cour anglaise. Une sculpture d'Étienne Martin déploie ses ailes en guise d'auvent dans le vide de la deuxième travée.

Envoyée aux trois architectes, une note du ministère du 19 octobre 1961 confirme ce choix et les nomme tous trois maîtres d'œuvre de la nouvelle ambassade, comme il en avait été préétabli. Si Bernard Zehrfuss se voit cependant responsable de l'opération au nom du trio, tous les plans, du projet fondamental jusqu'au projet définitif, seront sans exception cosignés par les trois architectes, tout comme la plaque apposée sur le bâtiment lors de son inauguration le 14 juillet 1971.

Étape finale à Piekna

À peine est-il validé que le projet est freiné. Les autorités polonaises reviennent sur leur offre du terrain Kronenberg sur la place de la Victoire. Nous sommes en pleine guerre froide et l'emplacement, avec sa vue directe sur la tombe du Soldat

Odtąd główne założenia konstrukcyjne były ustalone : pięć metalowych portyków wytyczonych w linii prostej, tworząca honorowy dziedziniec otwarta przestrzeń na długości jednego z przęseł, hojnie przeszklony i lekko uniesiony nad ziemią parter, dwa piętra oraz poziom poniżej budynku w stylu angielskim. Nad pustką drugiego przęsła zainstalowano rzeźbę Etienne'a Martina, której rozwinięte skrzydła tworzyły rodzaj zadaszenia.

Francuskie ministerstwo zatwierdziło ten wybór notą z 19 października 1961 roku, powierzając trzem architektom, zgodnie z wcześniejszymi ustaleniami, wspólny nadzór nad budową. Odpowiedzialność operacyjną wziął na siebie w imieniu tria Bernard Zehrfuss. Tak więc, na wszystkich dokumentach architektonicznych, począwszy od podstawowej wersji projektu z 1962 roku aż do jego wersji ostatecznej z 1966 roku, widnieją nazwiska wszystkich trzech architektów. Znalazły się one również na tablicy pamiątkowej odsłoniętej w dniu oficjalnego otwarcia ambasady 14 lipca 1971 roku.

Ostatni etap na Pięknej

Ledwie projekt został zatwierdzony, pojawiła

inconnu, est vraisemblablement jugé trop stratégique et symbolique. La décision est à l'évidence politique. L'architecte-en-chef Ciborowski manifeste cependant son attachement au projet retenu. Reste donc à lui trouver un nouveau point de chute. Pendant l'année qui suit, divers emplacements sont envisagés avant de tomber d'accord, en juillet 1963, sur la rue Piekna, non loin de la Diète (le Parlement polonais), dans le quartier dédié aux ambassades.

Il est demandé au trio de maîtrise d'œuvre de rétablir leur projet sur ce site définitif, diminué de la résidence de l'ambassadeur qui est alors sortie du programme.

Elle sera réalisée quinze ans plus tard par l'architecte Guy Autran sous la forme d'une villa implantée sur l'arrière du terrain.

Pour ce transfert, les architectes ne s'encombrent pas de scrupules. Le projet établi place de la Victoire est purement et simplement replacé dans ce nouvel environnement plus résidentiel d'une surface de 13 522 m². Le parachutage

się kolejna przeszkoda. Polskie władze wycofały swoją ofertę działki przy Placu Zwycięstwa. Był to sam środek Zimnej Wojny i lokalizację naprzeciwko Grobu Nieznanego Żołnierza najprawdopodobniej uznano za mającą zbyt wielkie znaczenie strategiczne i symboliczne. Decyzja ta była z całą pewnością podyktowana politycznymi względami. Naczelny architekt Warszawy Adolf Ciborowski wyraził osobisty zawód i zapewnił francuskich kolegów o swoim przywiązaniu do ostatecznie przyjętego projektu. Nie pozostawało nic innego jak znaleźć nową lokalizację. W następnym roku rozważano różne miejsca, aż w końcu w lipcu 1963 roku wybór padł jednomyślnie na działkę przy ulicy Pięknej, w dzielnicy ambasad, o dwa kroki od Sejmu. Umowę dzierżawną, dotyczącą działki o powierzchni 13 522 m̄a, usytuowanej u zbiegu dwóch ulic, podpisano na okres 99 lat. Trójce architektów zlecono dostosowanie projektu do ostatecznie przyjętej lokalizacji, z wyłączeniem rezydencji ambasadora, którą usunięto wówczas z programu prac konstrukcyjnych. Zbudowano ją na tyłach terenu dopiero piętnaście lat później, według projektu architekta Guya Autrana.

and the cast aluminium facade panels designed by Jean Prouvé - they are today quite different. The ground level of each block formerly hidden behind the aluminium panels is now totally glazed (a reference to one of the very first projects originally designed for another location in Warsaw). The previous open air entrance space has been transformed into a twenty metres high inner atrium roofed by a glass canopy. The Prouvé panels which gave the Embassy a fortress look give the second and third floors a dazzling - almost seductive - exterior as they reflect the sunlight. The external large pylons

30

s'effectue sans problème tant le projet tient à un concept autonome, déconnecté de tout contexte et conforme à la notion d'extraterritorialité qui prévaut pour une ambassade. L'architecture l'exprime avec force en cinq portiques métalliques, façon pont roulant, et deux niveaux suspendus en étages. Cette mégastructure s'accommode sans difficulté des modifications de programme. Cependant, sa parure change à l'occasion du transfert. L'enveloppe initiale largement vitrée au rez-de-chaussée est jugée incompatible avec le climat continental de la Mazovie et celui, politique, de la guerre froide qui impose des impératifs d'ordre défensif quant à la sécurité et à la confidentialité. L'ingénieur Jean Prouvé qui a rallié l'équipe met au point un capotage général à base de panneaux modulaires en aluminium moulé, fixé en tête et en pied de dalle : de vrais boucliers bien dans l'air du temps. Coulés d'un seul tenant en fonte d'aluminium, ces panneaux sont percés d'une baie protubérante aux bords arrondis, équipée d'un châssis ouvrant, et

Adaptacja projektu do nowych warunków nie przysporzyła architektom wiele wysiłku. Opracowany z myślą o terenie przy Placu Zwycięstwa został on po prostu przeniesiony w nowe bardziej willowe otoczenie. Operacja ta odbyła się bez problemów, a to dzięki całkowitej autonomiczności projektu, istniejącego w oderwaniu od jakiegokolwiek zewnętrznego kontekstu i pozostającego w zgodzie z pojęciem eksterytorialności ambasady. Architektura budynku silnie to podkreśla dzięki pięciu metalowym portykom w stylu pomostowej suwnicy oraz dwóm zawieszonym na nich piętrom. Ta wielka struktura została dostosowana bez przeszkód do nowych warunków wynikających ze zmiany lokalizacji. Przy okazji nastąpiła zmiana koncepcji fasad. Przewidziany w początkowym projekcie przeszklony parter uznano za nie do pogodzenia z kontynentalnym klimatem Mazowsza, a także z wymogami bezpieczeństwa i poufności, jakie narzucał polityczny klimat okresu Zimnej Wojny. Inżynier Jean Prouvé, który dołączył do zespołu, zaprojektował powłokę składającą się z modułowych paneli odlanych z aluminium i przytwierdzonych do górnej i dolnej płyty

doublés d'un contreplaqué sur l'intérieur. Ils existent en deux hauteurs de baie et garnissent invariablement les trois niveaux élevés sur la table de béton du soubassement en cour anglaise, fief des gendarmes entre autres fonctions. Leur alignement systématique sur les quatre faces et en retour sur le parvis est simplement rythmé des cinq portiques métalliques dont les pylônes rejetés à l'extérieur expriment le schéma structurel du bâtiment avec une brutalité toute industrielle. Ce registre sans complexe, répétitif et technique, est la marque d'une époque à la fois optimiste et inquiète. Il fait de l'ambassade un témoin remarquable de l'architecture française des trente glorieuses, judicieusement désignée sous l'appellation de « hard french » par certains (cf. Bruno Vayssière*), l'équivalent dans l'ordre bâti du programme nucléaire, du porte-avions Charles-de-Gaulle ou encore du Concorde et autres Mirages… Bref, l'expression d'une certaine force de frappe à la française.

budynku : istne tarcze, zgodnie z duchem tamtej epoki. Odlane w całości ze stopu aluminium panele posiadały otwór okienny o zaokrąglonych krańcach zaopatrzony w otwieraną ramę i wzmocnione były sklejką od wewnątrz. Dostosowane do dwóch różnych wysokości otworów okiennych panele te okrywały budynek na wszystkich jego trzech poziomach wzniesionych na betonowej płycie skrywającej najniższą część budowli. Otoczona dziedzińcem w stylu angielskim część ta spełniała różne funkcje, a dziś jest domena żandarmów. Równomierne rozmieszczenie paneli na czterech fasadach budynku i na wewnętrznych ścianach od strony honorowego dziedzińca podkreślało pięć metalowych portyków, których wystające na zewnątrz pylony ukazywały ze skrajnie przemysłową brutalnością strukturalny schemat budynku. Ten pozbawiony kompleksów, pełen powtórzeń i nie stroniący od technologicznych rozwiązań styl był znakiem pełnych optymizmu i zarazem niespokojnych czasów. Czynił z ambasady ważne świadectwo francuskiej architektury epoki „trente Glorieuses", słusznie określanej przez niektórych mianem „hard

supporting the floors definitely lost their industrial character. Coated anew with black paint they manage to brighten up the renewed shiny panels on the upper part of the structure.

None of these changes was simple. The smooth evolution of the building was in fact a great deal of hard but well planed work. From the begining the architect's program was extremely precise. It included a drastic improvement of the Embassy look and its opening to the outside. The definition of clear functional continuities and open movement flowing through the

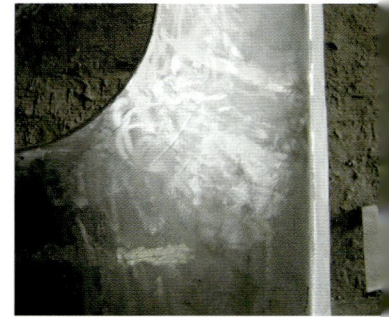

20 11 2003 09:27

35

Épilogue

Pour la petite histoire, la construction réceptionnée se révéla bourrée de micros : toute une époque !

C'est ainsi que l'ambassade nous est parvenue à l'orée du XXIe siècle, campée sur ses portiques d'acier et bardée de boucliers d'aluminium sur toutes ses faces, une cocotte pliée en aluminium suspendue au-dessus de l'entrée.

Au terme de trente ans de service, son avenir semblait incertain tant le désamour du bâtiment était grand. Son registre brutaliste était-il encore de mise à l'heure de l'Europe élargie ? Panneaux ternis, image défensive et désuète…

La désaffection s'étendait au fonctionnement, avec un bâtiment coupé en deux, et aux conditions de travail et de confort dégradées. Le personnel déplorait notamment les vents coulis et les déperditions liés à l'étanchéité défectueuse des panneaux de façade équipés d'un simple vitrage. Aujourd'hui, le personnel est revenu de bonne grâce, se félicitant de l'ambiance créée et

french" (zob. Bruno Vayssière*) i stanowiącej budowlany odpowiednik programu nuklearnego, lotniskowców Charles-de-Gaulle, samolotów Concorde, Mirage, itp.... Obrazował, krótko mówiąc, pewną charakterystyczną dla Francji siłę rażenia.

Epilog

W ramach anegdoty dorzućmy, że odebrany budynek okazał się pełen podsłuchów : takie czasy!

Taką właśnie ambasadę możemy oglądać na początku XXI-ego wieku, osadzoną na swych stalowych portykach i okrytą ze wszystkich stron aluminiowymi tarczami, z zawieszonym nad wejściem aluminiowym ptakiem... Po trzydziestu latach funkcjonowania jej przyszłość przedstawiała się niepewnie, tak wielka była niełaska, w jaką popadł budynek. Czy jego pełna brutalności forma odpowiadała duchowi rozszerzonej Europy ? Poszarzałe panele, niemodna budowla w stylu obronnym...

Rozbicie budynku na dwie części, utrudniające funkcjonowanie placówki, oraz złe warunki pracy i brak codziennego komfortu również budziły niechęć. Personel skarżył się

assumant un héritage hier compromis,
voire honni. Redécouvert à l'occasion
de sa rénovation, le bâtiment est à verser
au catalogue du patrimoine moderne :
une pièce de collection.

szczególnie na przeciągi i na zimno
spowodowane nieszczelnością fasadowych
paneli wyposażonych w jedną tylko warstwę
szyb. Dzisiaj pracownicy powrócili z chęcią na
dawne miejsce, ciesząc się atmosferą
stworzoną w nowej ambasadzie i akceptując
jakże krytykowaną a nawet oczernianą jeszcze
wczoraj spuściznę. Świeżo wyremontowany
budynek odsłonił wszystkie swe zalety i jako
prawdziwie rzadki okaz zasługuje, by znaleźć się
na liście nowoczesnego dziedzictwa
architektonicznego.
 Les trente Glorieuses : termin określający
okres powojennego trzydziestolecia (1945-75)
we Francji, odznaczający się wyjątkowym
wzrostem gospodarczym.
 Wedle francuskiego prawa 1% budżetu
przeznaczonego przez państwo na budowę
każdego nowego obiektu użytku publicznego
winien być spożytkowany na sfinansowanie
dzieła sztuki współczesnej, stanowiącego
integralną część architektonicznego projektu.

*whole building with the
exception of controlled
access zones,
(chancellery and
communication offices),
and a non nostalgic but
definite formal reminder
of the first project. "Most
of these goals are in
many ways similar to
those prevailing in the
first building design"
claims Pargade saying
that "through its modern
and ambitious nature,
the second project should
also point out the present
French technical
intelligence and
architectural abilities
in Poland".*

* Bruno Vayssière, *Reconstruction-déconstruction, le hard french ou l'architecture française des trente glorieuses*, Picard, Paris, 1988

Variations sur la façade
Warianty fasad
Different sketches of the facades

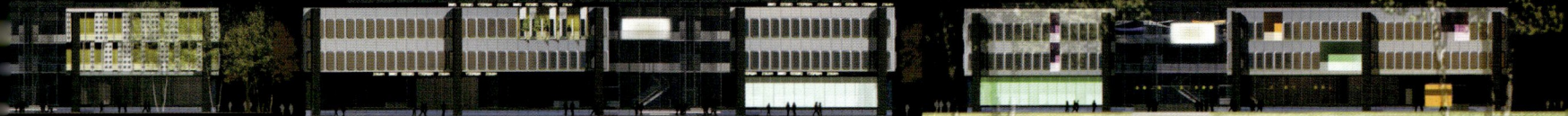

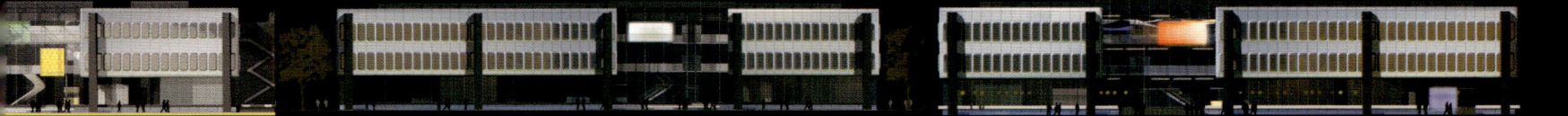

François Lamarre

La structure mise à nu, l'espace retrouvé

Obnażona struktura, odzyskana przestrzeń

Le passage obligé du désamiantage

Singulier voire insolite, l'ouvrage mérite de figurer en bon rang au classement de l'architecture française du XXᵉ siècle. Mais ce cadeau de l'histoire est empoisonné par l'amiante ; c'est le revers de la médaille. Une face cachée des plus fréquentes dans l'architecture de métal de ces années-là. Sa présence est le phénomène qui déclenche l'opération, à l'origine de la remise en question du bâtiment et du départ des occupants imposé par les autorités sanitaires. Personnels et diplomates quittent le navire en 1999. Un hébergement provisoire leur est trouvé.

Assumant l'héritage, le projet Pargade tire avantage de la structure et de la vêture pour conduire le vaisseau sur les eaux du XXIᵉ siècle. Il doit au préalable le débarrasser de la fibre maudite : plus un gramme à bord. Une cure incontournable quel que soit le sort réservé à l'ouvrage. Le traitement aura coûté 2 millions d'euros sur les 10 millions du total de l'opération de rénovation. Le chantier de

Konieczność usunięcia azbestowej izolacji

Szczególna czy wręcz wyjątkowa, pierwotna budowla zasługiwała, by znaleźć się na wysokim miejscu w klasyfikacji francuskiej architektury XX-ego wieku. Lecz była również odwrotna strona medalu : ów podarunek historii krył w sobie azbestową truciznę. Niewidoczna, choć tak częsta cecha konstrukcji metalowych z tamtych lat. Obecność azbestu w konstrukcji ambasady, uniemożliwiająca przebywanie w jej budynku, doprowadziła, zgodnie z zarządzeniem władz sanitarnych, do ewakuacji pracowników i była przyczyną rozpoczęcia prac remontowych. Dyplomaci i personel opuścili statek w 1999. Przydzielona im została w zamian siedziba tymczasowa.

W swoim projekcie, pozostającym w zgodzie z architektonicznym dziedzictwem przeszłości, Pargade wykorzystał zastaną strukturę i powłokę budynku, by wyprowadzić okręt ambasady na wody XXI-ego wieku. Jednak wcześniej należało oczyścić go z przeklętego włókna, tak by na pokładzie nie pozostał ani jeden jego gram. Niezależnie od przyszłych losów budowli kuracja ta była nieunikniona.

désamiantage débute en avril 2001 pour s'achever en juin 2002, laissant un bâtiment entièrement déshabillé, sa structure mise à nu. La construction apparaît alors dans toute la force de ses cinq portiques espacés de 22 mètres et de ses trois niveaux suspendus sur 28 mètres de large. Elle est réduite à la dimension de l'épure, du schéma structurel qui fait la force et l'intérêt de cette architecture de génie civil : une belle mécanique. Le spectacle renoue avec les clichés de la construction pris en 1969. La peinture au minium d'origine met en valeur les poutres treillis des planchers. Les pylônes extérieurs acquièrent une présence phénoménale. L'espace libéré livre l'étendue des plateaux. Place nette pour un nouveau départ.

Les travaux proprement dits débutent en mars 2003 et s'achèvent en octobre 2004. Le retour dans les lieux du personnel et de l'ambassadeur (un total de 120 personnes) est effectif le mois suivant. L'entreprise Rabot Dutilleul attributaire des principaux lots avec sa filiale polonaise

Zabieg kosztował 2 miliony euro podczas, gdy całkowity koszt remontu wyniósł 10 milionów. Prace usuwania z budynku azbestowej izolacji rozpoczęto w kwietniu 2001 roku, ukończono zaś w czerwcu 2002 ; powłoka ambasady została całkowicie rozebrana, a jej struktura obnażona. Ukazała się jej potężna konstrukcja oparta na pięciu portykach rozstawionych w odstępach 22 metrów, podtrzymująca trzy zawieszone poziomy szerokości 28 metrów. Zredukowana została do czystej formy, strukturalnego schematu, który stanowi o sile tej architektury z dziedziny inżynierii lądowej i wodnej : zaiste piękna to mechanika. Widok, jaki przedstawiała, przypominał zdjęcia zrobione podczas prac konstrukcyjnych w 1969 roku. Pokrywająca belki kratowe stropów minia ołowiana ukazywała ich specyficzną formę. Pylony na zewnątrz nabrały niezwykłego charakteru. Oczyszczony teren unaocznił olbrzymią powierzchnię platform. Wolne pole, by stworzyć coś nowego.

Remont właściwy rozpoczęto w marcu 2003 roku, ukończono zaś w październiku 2004. Już w listopadzie na miejsce powrócił Ambasador wraz z personelem (w sumie 120 osób). Firma

To realize these goals, the architect systematically applied a series of strategic measures: a will to visually detach the building from the ground by completing a glass enclosure around the lower level,- a glazed strip lighting the underneath garage, a readable main structural system and its connections with the two upper floors and their paneled enclorure; a careful design for a main entrance hall which as an important element of the whole complex holds a symbolic meaning and specific function; the hierarchy of Embassy services,- their relative sizes and location within the building, their spatial

Recherches
Koncepcja
Researches

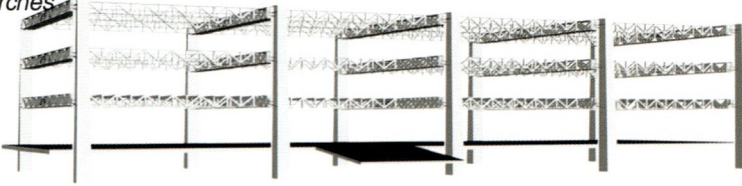

1. STRUCTURE

2. LES CONNECTEURS

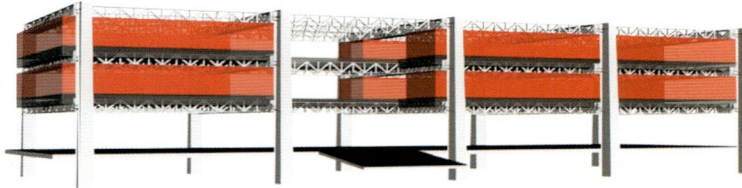

3. LES BUREAUX EN U

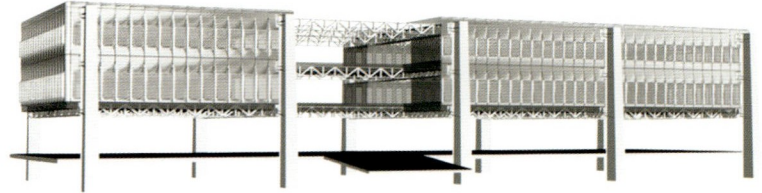

4. L'ENVELOPPE ALUMINIUM

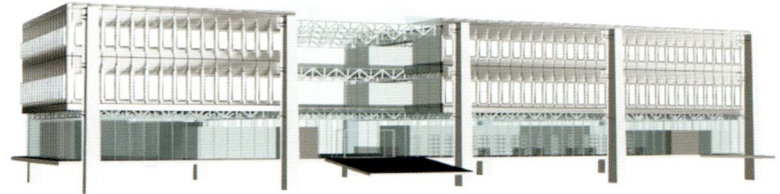

5. LA VERRIERE

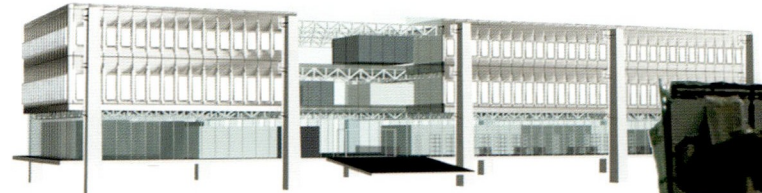

6. LES BO

RD bud démarre au plus vite et insuffle au chantier l'esprit d'équipe nécessaire à la qualité et à la tenue des délais.

Trois instantanés de chantier pour le 1% artistique

L'œuvre élaborée par Georges Rousse au titre du 1% artistique puise son argumentaire dans le chantier de désamiantage et témoigne de l'épreuve subie par le bâtiment. Elle prend la forme d'un triptyque photographique disposé dans le hall, composé de trois cadres juxtaposés aux images rétro éclairées. Les clichés représentent trois anamorphoses construites, mises en scène et photographiées à l'occasion du chantier, dans un bâtiment dénudé : rectangle bleu, triangle blanc, carré rouge. L'artiste a effectué son intervention sur place, avec de la peinture ou par embrasement de matériaux. Les trois photographies juxtaposées dans le hall restituent de manière subliminale le drapeau tricolore français par leur ambiance colorée : le bleu de la peinture, le blanc de la lumière, le rouge du feu.

Rabot Dutilleul i jej polski oddział RD bud, którym powierzono największy udział w pracach renowacyjnych, ruszyła z remontem, gdy tylko było to możliwe, narzucając ekipie atmosferę zgranej pracy, niezbędną do uzyskania wysokiej jakości robót i dotrzymania terminów.

Trzy migawkowe zdjęcia placu budowy zrealizowane w ramach ustawowego 1% na rzecz sztuki

Dzieło stworzone przez Georgesa Rousse'a w ramach ustawowego 1% na rzecz sztuki zostało zainspirowane pracami usuwania z konstrukcji azbestowej izolacji i jest świadectwem próby, jakiej został poddany budynek ambasady. Zrealizowany przez francuskiego artystę tryptyk fotograficzny znajduje się dzisiaj w holu. Składa się z trzech zestawionych ze sobą i podświetlonych od tyłu kadrów. Zdjęcia przedstawiają trzy anamorfozy specjalnie w tym celu zaaranżowane i sfotografowane podczas prac renowacyjnych w rozebranym budynku : niebieski prostokąt, biały trójkąt i czerwony kwadrat. Artysta zrealizował projekt na miejscu, tworząc, przy użyciu farby

L'éclat retrouvé des panneaux d'aluminium

Le pari du projet lauréat résidait notamment dans le réemploi des panneaux d'aluminium conçus par Jean Prouvé, signature de l'ouvrage et entrée privilégiée dans la dimension patrimoniale défendue par Jean-Philippe Pargade, concepteur-architecte de la rénovation du bâtiment. Pari d'autant plus risqué que les panneaux étaient en grande partie à l'origine de la désaffection de l'occupant. Plus que l'amiante invisible, cause objective de son départ, les panneaux focalisaient son aversion par leur aspect sale et terni, accentuant le côté bunker du bâtiment, ainsi que par leur défaut d'étanchéité et d'isolation, cause d'inconfort quotidien et de surcoût énergétique. Leur maintien supposait une rénovation radicale portant sur l'aspect et la fonctionnalité pour un complet retournement d'image.
Mis au point pour l'ambassade de France à Varsovie entre 1966 et 1969, ces

lub poprzez podpalenie różnych materii, zdeformowany geometrycznie rysunek. Zestawione w holu trzy fotografie poprzez swą kolorystykę odtwarzają w dyskretny sposób klimat trójkolorowej flagi Francji : błękit farby, biel światła i czerwień ognia.

Odzyskany blask aluminiowych paneli

Zwycięski projekt stawiał zwłaszcza na ponowne użycie w konstrukcji elewacji zaprojektowanych przez Jeana Prouvé aluminiowych paneli, będących charakterystycznym znakiem budowli i stanowiących o jej zabytkowej wartości, o której zachowanie walczył Jean-Philippe Pargade, pomysłodawca i architekt renowacji budynku. To założenie było tym bardziej ryzykowne, że to właśnie panele były w głównej mierze przyczyną niechęci pracowników ambasady do budynku. Ich przybrudzony i pozbawiony blasku wygląd, podkreślający bunkrowaty charakter budynku, a także ich nieszczelność i izolacyjny defekt, powodujące na co dzień brak komfortu pracowników i dodatkowe wydatki na energię, skupiały ogólną niechęć w o wiele większym

relationships and interconnections; a general ambiance of serene officialdom; a landscaped fenced garden which should also secure the immediate surroundings of the Embassy, and a non repulsing but an efficient controlled access hence a pleasant looking approach and a smooth integration within a quiet urban neighboorhood.

Such measures signify a few intricate processes: recycling the the first project's elements were Pargade's essential theme which had to be completed by a series of classical constructive developments inside and outside. Indeed both

panneaux sont des prototypes qui seront ensuite déclinés par Jean Prouvé dans des versions améliorées, notamment sur l'immeuble Siemens à la Plaine Saint-Denis. Réalisés par la SEAL (Société d'exploitation d'alliages légers) implantée au Landy, ces panneaux ont été coulés en fonte d'aluminium dans des moules à sable relativement rudimentaires, selon une méthode classique. Le modèle existe en deux tailles, selon la hauteur de la baie. L'aluminium employé, de type AS 13, est chargé en silice pour faciliter le moulage. Hauts de 4,50 mètres et larges de 1,30 mètres, ils ne mesurent que 10 centimètres d'épaisseur et sont rigidifiés par l'ourlet en saillie des ouvertures. Posés en recouvrement, ils sont fixés au nez des planchers et enserrés dans des profilés métalliques verticaux. Les joints sont ensuite garnis de bandes continues de caoutchouc sur toute la hauteur.

Des infiltrations sont cependant constatées peu de temps après la réception provisoire des panneaux,

stopniu niż niewidoczny azbest, prawdziwy powód przeprowadzki. Ponowne wykorzystanie paneli w konstrukcji ambasady wymagało przeprowadzenia ich gruntownej renowacji, zarówno ze względu na ich funkcjonalność jak i wygląd, za cel postawiono sobie całkowitą odmianę wizerunku.

Stworzone dla budynku Ambasady Francuskiej w Warszawie w latach 1966-1969 panele te stanowiły prototyp późniejszych ulepszonych przez Jeana Prouvé wersji zastosowanych na przykład w konstrukcji budynku Siemensa w Plaine Saint-Denis pod Paryżem. Wykonała je Spółka eksploatacyjna stopów lekkich (SEAL), mająca siedzibę w Landy, odlewając je metodą klasyczną ze stopu aluminium w stosunkowo prostych formach piaskowych. Istnieją w dwóch rozmiarach dostosowanych do różnych wysokości otworów okiennych. Do odlewów zastosowano aluminium typu AS 13 z dodatkiem dwutlenku krzemu, co ułatwia proces odlewniczy. Wysokie na 4,5 metra, szerokie na 1,3 metra, mierzą jedynie 10 centymetrów grubości i zostały utwardzone wystającym na zewnątrz przy otworach zwojem. Stanowiące powłokę elewacji panele

en décembre 1971, avec la formation de gouttières au niveau des poutres. Pour y remédier, un produit d'étanchéité est injecté. Mais la principale faiblesse réside dans l'ouvrant fixé au nu extérieur, sur la lèvre en relief du panneau formant le hublot. L'ouverture sur l'extérieur pose problème dès l'origine. Avec le temps, les châssis auront tendance à se voiler, engendrant un défaut d'étanchéité, insoluble. La réception définitive intervient un an plus tard, en décembre 1972, en l'absence de réponses satisfaisantes.

Déposés, rénovés et remis en place, ces panneaux participent désormais d'un système de double façade respirante. Ils n'en composent plus que le parement extérieur, plus bouclier que jamais. Le problématique châssis ouvrant est remplacé par un simple vitrage fixe, serti d'un joint synthétique. Une nouvelle isolation, plus conséquente, tapisse la face interne du panneau et se retourne sur l'arrondi des baies. Un second panneau menuisé assure le doublage

umocowane zostały na krawędziach stropów, wewnątrz wertykalnych metalowych profili. Złącza wypełniono następnie na całej długości warstwą kauczuku. Panele od początku stanowiły problem. Wkrótce po ich prowizorycznym odbiorze, w grudniu 1971 roku, stwierdzono ich nieszczelność, powstawanie zacieków w miejscu styku z belkami. Aby temu zaradzić, wypełniono je specjalną substancją uszczelniającą. Jednak ich podstawową wadą były skrzydła okienne zamocowane bezpośrednio od zewnętrznej strony budynku, na ich górnej wybrzuszonej krawędzi, otaczającej lufcik. Otwierające się na zewnętrz okna od początku stanowiły kłopot. Z upływem czasu ramy okienne zaczęły się wypaczać, tracąc szczelność. Problem był nie do rozwiązania. Definitywny odbiór paneli nastąpił rok później, w grudniu 1972 roku, jednak zadawalającego rozwiązania nie znaleziono.

Po rozbiórce, renowacji i wstawieniu ich z powrotem na miejsce, panele stanowią dziś część dwuwarstwowej wyposażonej fasady. Obecnie tworzą jedynie jej zewnętrzną

processes often overlapped in time and space complicating an architectural procedure that each new ambassador has tried to modify. One of the first steps, the removal of obsolete asbestos insulation was easy to do (with a cost amounting to twenty percent of final expenditures). It ended with an unexpected spectacular show of the building structure now totally bared. The basics of the first and second projects were therefore on dispay allowing many speculative design. Pargade did not however change his mind, and went on with his own proposal. He then launched the renovation

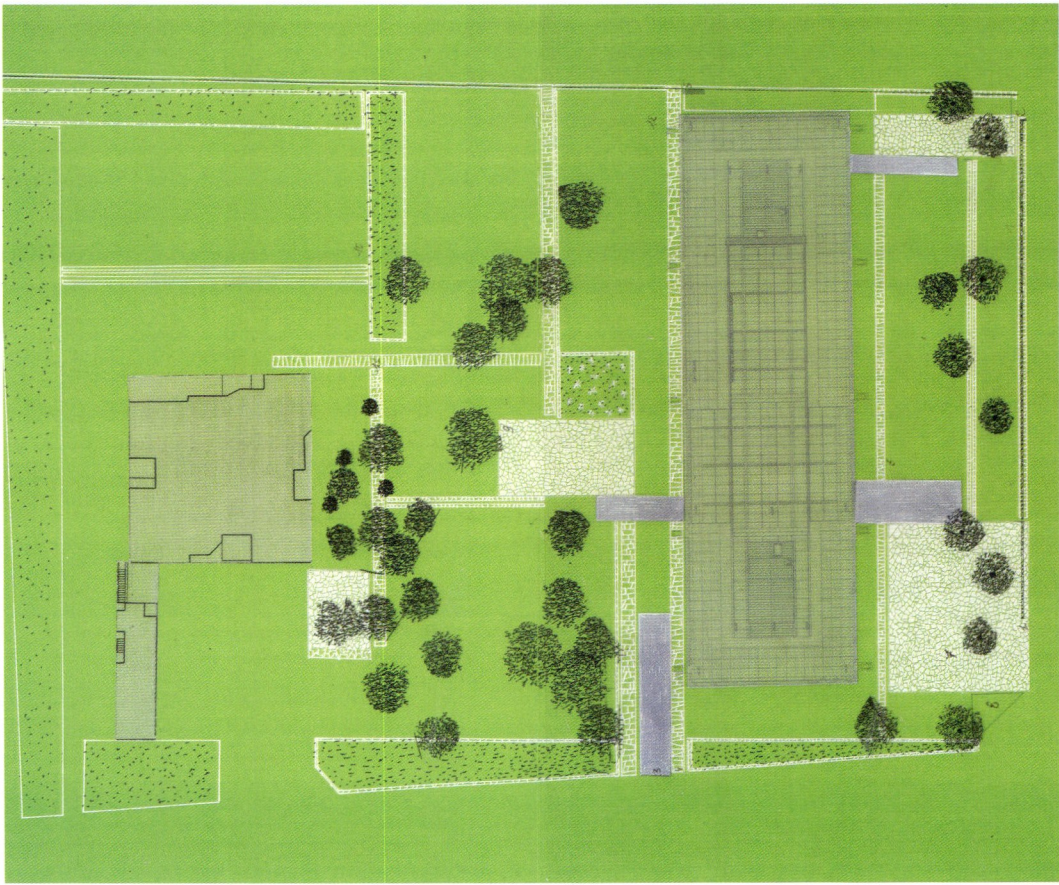

intérieur, équipé d'un châssis vitré aux normes en vigueur qui ouvre sur le vide interstitiel ventilé. Les petits garde-corps en verre sont supprimés et des stores sont glissés entre les deux vitrages pour parer au soleil.

Véritable énigme chimique, le traitement de surface de ces boucliers d'aluminium a fait l'objet de recherches approfondies pour redonner et garantir leur éclat retrouvé. Après de nombreux essais, le choix s'est porté sur un revêtement de Xylan (marque déposée de la société Whitford), un enduit fluoro-polymère qui préserve de la corrosion et des salissures. Les panneaux ont été préalablement décapés avant de recevoir le traitement. L'opération est effectuée par dégazage à 240°C puis sablage au Corindon afin de décrasser les pores et de recréer une rugosité d'accrochage adaptée. Ainsi débarrassé de toute oxydation résiduelle et brillant comme un sou neuf, chaque panneau reçoit trois couches successives de Xylan de 15 microns, appliquées au pistolet et cuites au four à 200 et 250°C

warstwę, stanowiąc bardziej niż kiedykolwiek rodzaj pancerza. Otwierające się ramy okienne przysparzające tyle kłopotu, zostały zastąpione pojedynczymi przeszklonymi otworami oprawionymi syntetycznymi złączami. Nowa bardziej przemyślana izolacja wyściela dzisiaj wewnętrzną stronę paneli, dopasowując się do zaokrąglenia okiennych otworów. Od drugiej strony, wewnątrz budynku zamontowano drewniane panele wyposażone, zgodnie z obowiązującymi normami, w okna otwierające się na znajdującą się między dwiema warstwami paneli, zaopatrzoną w wentylacyjny system pustą przestrzeń. Ochronne balustradki ze szkła zostały zlikwidowane, a między szybami zainstalowano chroniące przed słońcem story.

Konserwacja powierzchni aluminiowych osłon, mająca na celu przywrócenie im trwałego blasku, stanowiła prawdziwe wyzwanie dla specjalistów i stała się przedmiotem dogłębnych badań. Po wielu próbach, zdecydowano się na powłokę Xylan (znak handlowy zastrzeżony przez spółkę Whitford), fluoropolimerową substancję chroniącą przed korozją i zanieczyszczeniami. Zanim je jednak

afin que le solvant s'évapore. Ce revêtement composite est dans le cas présent teinté de pigments d'aluminium. D'une très grande finesse, il permet de conserver l'effet de matière et l'éclat de l'aluminium.

poddano konserwacji, panele zostały oczyszczone. Najpierw odgazowano ich powierzchnie w temperaturze 240°C, a następnie oczyszczono je poprzez piaskowanie korundem, by usunąć zatykający pory brud i uzyskać odpowiednią przyczepność materiału. Na tak uwolnione od wszelkich śladów oksydacji i błyszczące jak nowe monety panele nałożono z pistoletu kolejno trzy warstwy 15 mikronowego Xylanu, a następnie wypalono całość w piecu w temperaturze 200 i 250°C w celu odparowania rozpuszczalnika. Tę złożoną powłokę pokryto na koniec aluminiowym pigmentem. Pozwala on zachować subtelny blask aluminium.

of Prouvé aluminium panels, a risky process since these four and half metres high and one and a third metre wide cast aluminium panels were only ten centimetres thick. Moreover, they were kept rigid by the protruding lip of the porthole frame. Such a design had never worked from the very start. Moreover, their numerous original flaws were worsened through a lack of maintenance. Indeed, recycling these panels meant an extremely delicate operation: treating anew their exteriors, refurbishing their interior sides, redetailing their windows

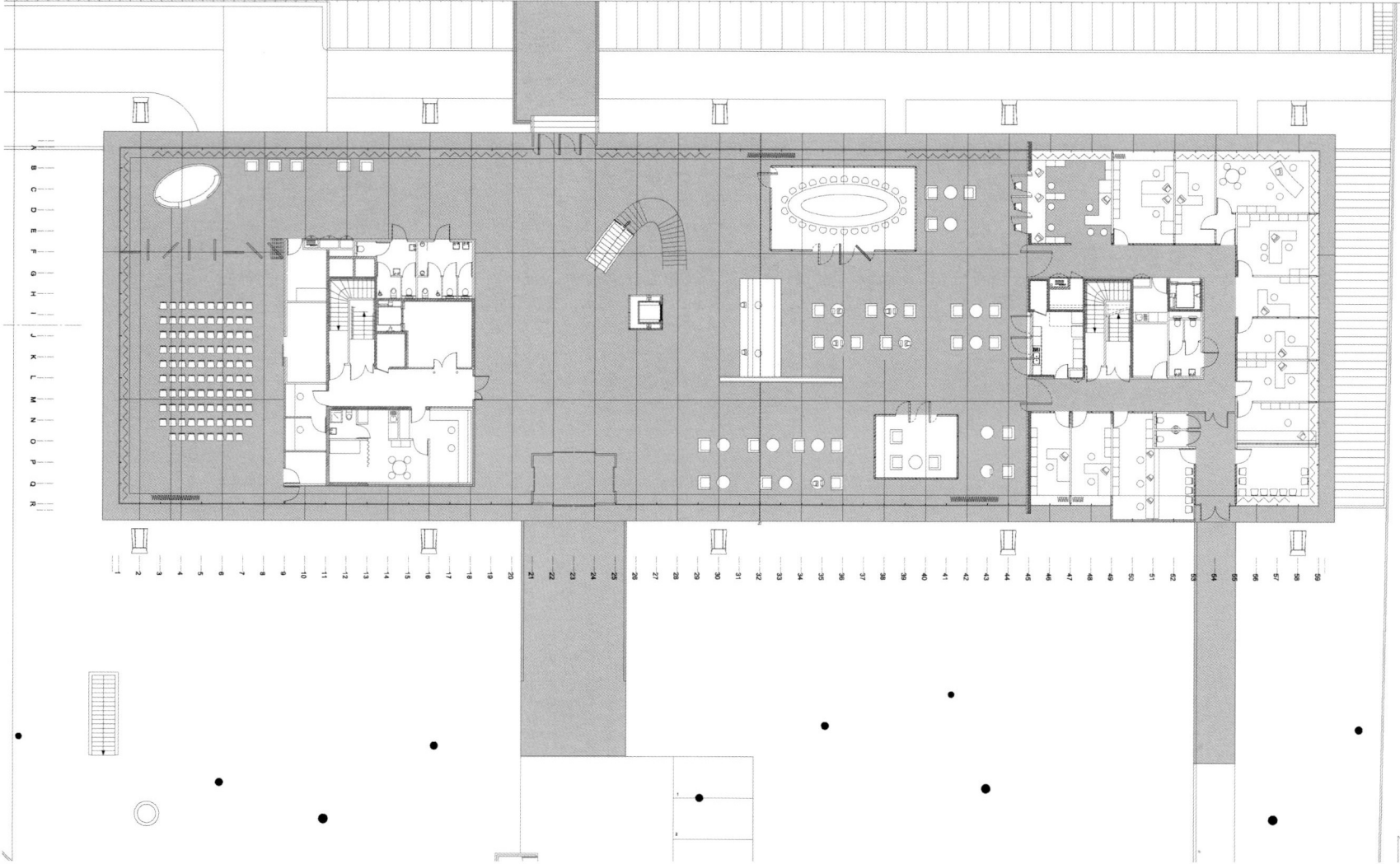

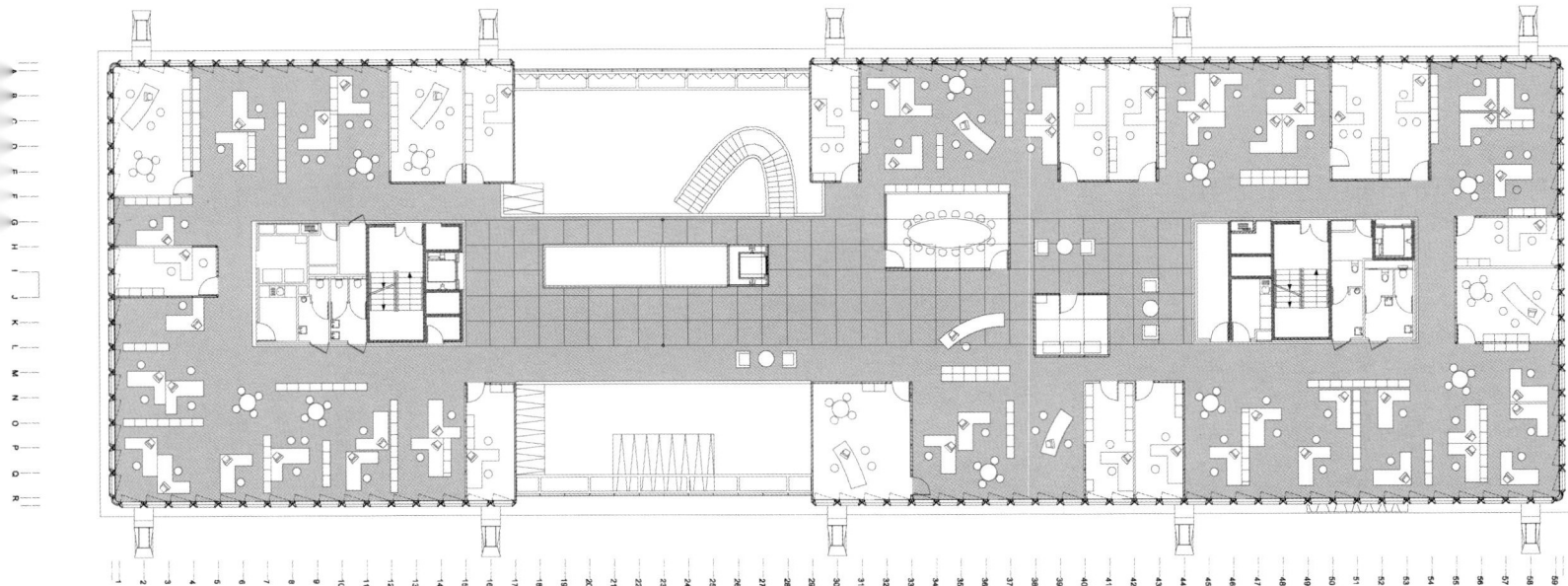

François Lamarre

Un ouvrage mémorable remis à jour

Odnowienie dawnej budowli

Parachuté sur Piekna à la fin des années 1960, le bâtiment de l'ambassade de France à Varsovie exprimait de manière presque caricaturale la notion d'extraterritorialité propre à la mission diplomatique. Il répondait aux souhaits partagés des autorités polonaises et françaises d'un ouvrage représentatif de l'avancée des techniques et de la modernité architecturale, version 1960 ! Trente ans plus tard, ce vaisseau de 90 mètres aligné en retrait de la rue est devenu un poids mort : miné par l'amiante et la rouille, l'ouvrage est disqualifié. Ce fléau associé à la construction métallique des décennies passées suffit à ruiner le puissant symbole. Ses occupants vident les lieux en 1999. Muré dans son silence tel un sphinx, le bâtiment devient une énigme pour la gestion immobilière et patrimoniale du ministère des Affaires étrangères. Que convenait-il de faire à l'aube du XXIe siècle de ce témoin devenu encombrant d'une époque révolue ?

Repassons le film : une première pierre

Zbudowany przy ulicy Pięknej pod koniec lat 60 budynek Ambasady Francuskiej w Warszawie wyrażał w sposób niemal karykaturalny pojęcie eksterytorialności właściwe misji dyplomatycznej. Odpowiadał oczekiwaniom zarówno władz polskich jak i francuskich, którym marzyła się budowla stanowiąca wyraz technologicznego rozwoju i architektonicznej nowoczesności z lat 60.
Trzydzieści lat później stojący wzdłuż ulicy, długi na 90 metrów budynek ambasady stał się niepotrzebnym balastem : budowla trawiona przez azbest i rdzę została uznana za szkodliwą dla zdrowia. Przestarzała metalowa konstrukcja budynku pochodząca z ubiegłych dziesięcioleci oraz wszechobecny azbest wystarczyły, by zrujnować potężny symbol. Pracownicy ambasady opuścili miejsce w 1999. Zamknięty w sobie, milczący niczym sfinks budynek stanowił nie lada wyzwanie dla zarządu nieruchomościami i dziedzictwem kulturowym Ministerstwa Spraw Zagranicznych. Co też należało zrobić na początku XXI-ego wieku z tym niewygodnym świadkiem minionej epoki?

Sięgnijmy pamięcią wstecz : kamień węgielny pod Ambasadę zostaje wmurowany przez

posée par le Général de Gaulle le 11 septembre 1967. Une inauguration en fanfare le 14 juillet 1971… Toute une histoire défile ensuite, aiguillonnée par le syndicat Solidarité, passant de la chape de plomb soviétique à l'entrée de la Pologne dans l'Europe élargie.

Avec son allure de cuirassé hérité de la guerre froide, le vaisseau de l'ambassade semblait condamné à la casse. Dénotant d'une foi sans réserve dans les techniques et l'industrie lourde, son architecture est d'un autre âge, d'apparence plutôt primaire. De surcroît, son registre défensif s'accorde mal à l'impératif d'ouverture et de communication qui règne désormais entre pays européens.
Un fonctionnement de trente ans ne constituait-il pas un amortissement suffisant ? Le diagnostic porté sur l'existant est sévère, imposant une remise aux normes techniques, un bouleversement du fonctionnement et un complet retournement d'image. Transformation, reconstruction partielle

Generała de Gaulle'a 11 września 1967 roku. Uroczysta inauguracja ma miejsce 14 lipca 1971 roku... Następnie Ambasada jest świadkiem historycznych wydarzeń, kiedy to Polska pod wpływem opozycyjnej działalności związku zawodowego Solidarność wyzwala się stopniowo spod sowieckiej dominacji, by w końcu wstąpić do rozszerzonej Europy.

Ze swym wyglądem pancernika odziedziczonym po zimnej wojnie budynek ambasady wydawał się nadawać już tylko na złom. Ta nosząca znamiona bezgranicznej wiary w osiągnięcia technologii i przemysłu ciężkiego architektura była jakby z innej epoki, prezentowała się dosyć topornie. Na domiar złego jej obronny charakter nie licował z nowymi wymogami otwartości i komunikacji obowiązującymi odtąd w stosunkach między krajami europejskimi.
Czy sam fakt, że Ambasada funkcjonowała sprawnie przez trzydzieści lat, nie stanowił wystarczającego dowodu na zwrot zainwestowanych w jej budowę pieniędzy? Diagnoza dotycząca stanu budynku była surowa, konieczne okazało się dostosowanie go do obowiązujących norm technicznych,

and setting back the panels through safer fixing systems.

Treating the panels external surfaces turned out to be quite complex. In-depth research and several tests had to be carried out to find out another shiny appearance which did not look too new. Preventing stains and corrosion implied scouring the panels prior to coating them (three times with a specific product, the fluopolymer Xylan). The panels interiors were covered with an efficient insulation layer. Facing the inside of each panel, another non metallic panel was positioned a few centimetres away; both panels constitute

Deuxième étage protégé / Drugie piętro chronione / *Protected second floor*

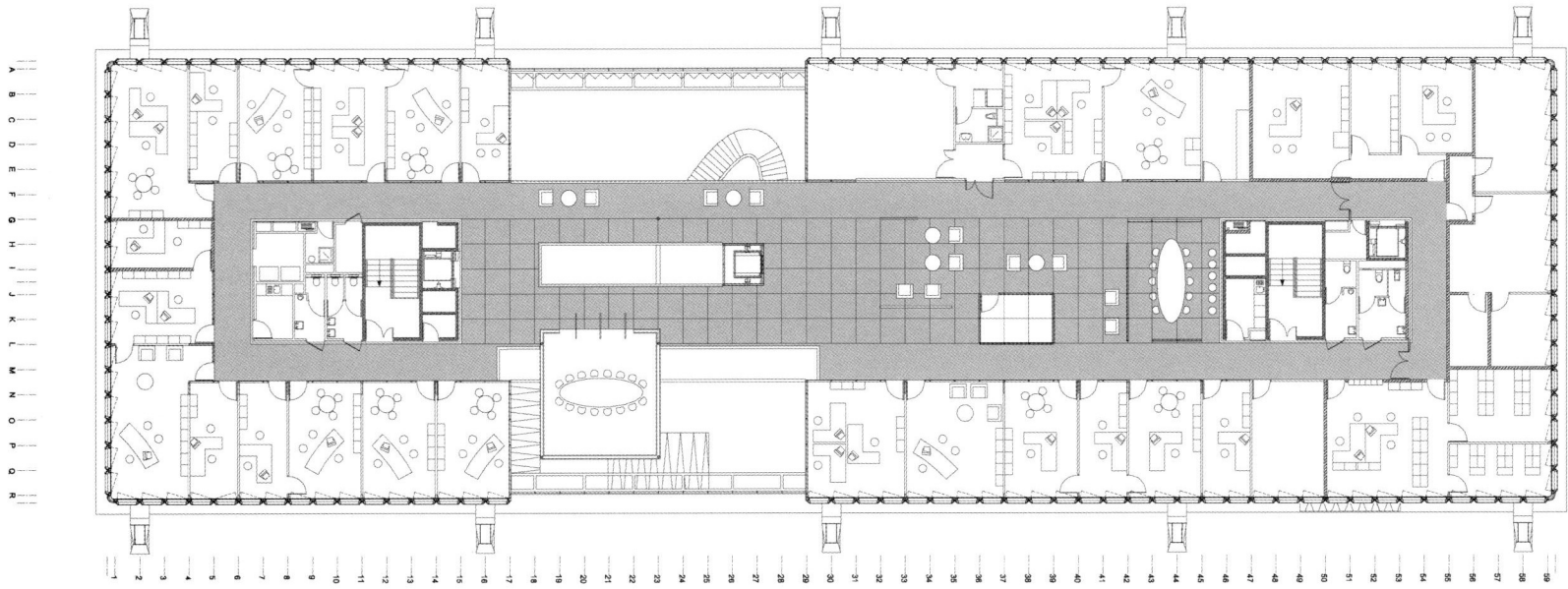

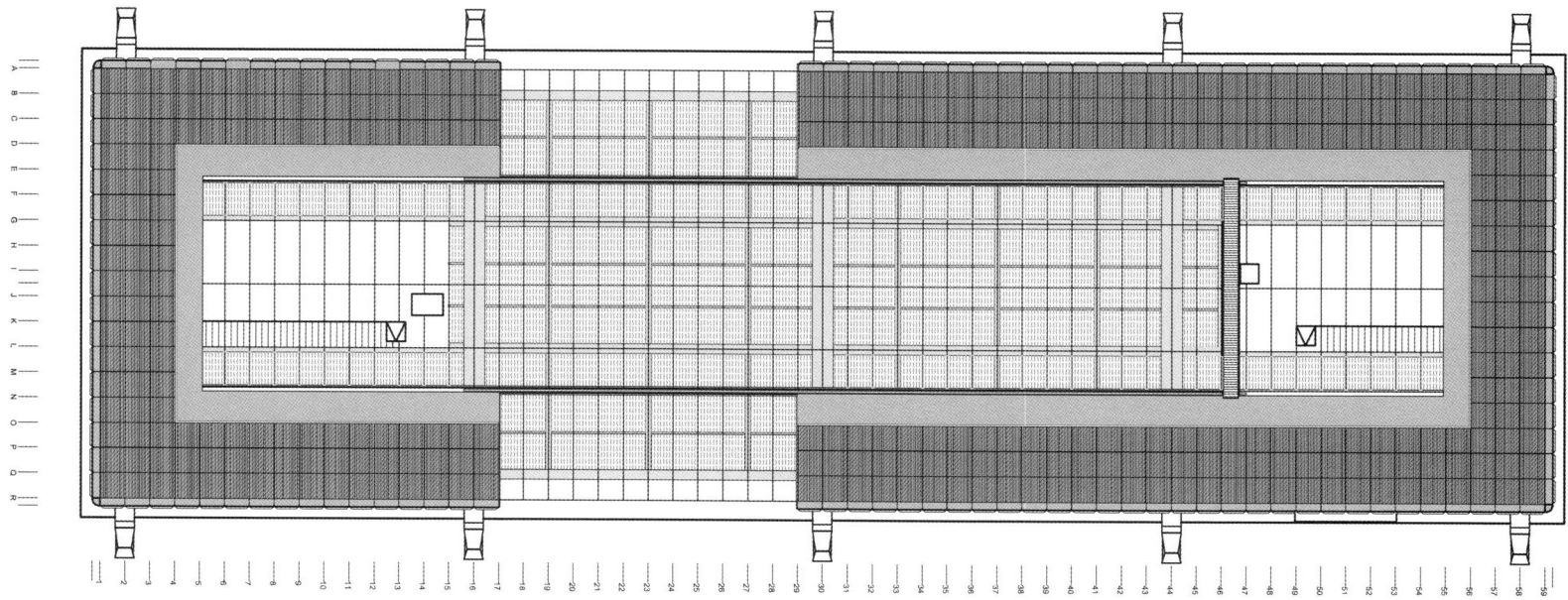

ou complète ? Le débat était ouvert, laissé
à l'appréciation des architectes invités
en l'an 2000 à concourir sur un marché
de définition en deux phases.
Des trois projets finalistes, celui de
Jean-Philippe Pargade était le seul à
miser ouvertement sur la dimension
patrimoniale de l'ouvrage contesté.
Il en respecte l'architecture, quitte à la
faire évoluer. Il est ainsi le seul à proposer
le réemploi des panneaux de façade en
aluminium moulé de Jean Prouvé quand
les deux autres concurrents (Stanislas
Fiszer et le tandem Jérôme Brunet – Éric
Saunier) ne conservent que la structure en
portique et retournent le fonctionnement
sur la rue adjacente Jazdow. Le ministre
des Affaires étrangères de l'époque,
Hubert Védrine, tranchera en sa faveur
en novembre 2000, décidant d'assumer
l'héritage d'une modernité mal aimée.
Architecte de la rénovation, Jean-Philippe
Pargade apparaît rétrospectivement
comme « l'inventeur » de cet élément
de patrimoine, du moins son révélateur.
Quatre ans plus tard, en novembre 2004,
le personnel de l'ambassade prend
possession d'un bâtiment remanié de

gruntowna przebudowa jego wewnętrznej
struktury zwiększająca funkcjonalność i
całkowite przeobrażenie wizerunku.
Przebudowa czy częściowa lub też całościowa
odbudowa ? Kwestia była otwarta, jej
rozstrzygnięcie pozostawiono architektom
zaproszonym w 2000 roku do uczestnictwa w
dwustopniowym konkursie.
Spośród trzech finałowych projektów jedynie
projekt Jeana-Philippe'a Pargade'a stawiał
otwarcie na zabytkowy wymiar dziedzictwa
kontestowanej budowli. Z szacunkiem odnosił
się do jej architektonicznych założeń,
rezerwując sobie prawo do jej
unowocześnienia. Jako jedyny proponował
zatem ponowne użycie zaprojektowanych przez
Jeana Prouvé fasadowych paneli odlanych ze
stopu aluminium, podczas gdy dwaj pozostali
konkurenci (Stanislas Fiszer i tandem Jérôme
Brunet – Eric Saunier) zachowali jedynie
portykową strukturę dawnego budynku a
wejście główne umieścili od sąsiedniej ulicy
Jazdów. W listopadzie 2000 roku Ministerstwo
Spraw Zagranicznych rozstrzygnęło konkurs na
jego korzyść, zgadzając się na zachowanie
dziedzictwa niedocenionej nowoczesności
budynku.
Jean-Philippe Pargade, architekt specjalizujący

fond en comble, à la fois semblable et différent du précédent.

Retournement d'image

Derrière une discrète grille d'acier noir, le bâtiment rénové est livré à la rue sur une esplanade redessinée et plantée. Exposé aux regards, il se présente sous un jour apaisé, offrant un nouveau visage plus amène où la transparence du verre tempère la rigueur du blindage d'origine. Le fossé a été comblé et un pont jeté sur la pelouse permet d'accéder à la table de béton du rez-de-chaussée surélevé. Ce niveau dédié à l'accueil et aux manifestations est entièrement vitré sur toute sa hauteur, renouant avec la première esquisse du projet établi sur la place de la Victoire (1962), avant l'adoption des panneaux de Prouvé et le capotage intégral des trois niveaux. La seconde travée initialement laissée libre pour dégager un parvis est désormais habillée d'une verrière. Le vide est construit, le parvis à l'air libre transformé en atrium intérieur. Ainsi résorbé, ce maillon manquant est intégré à la construction, des passerelles assurant

się w renowacjach, jawi nam się dzisiaj jako „odkrywca" owego elementu dziedzictwa, a przynajmniej jako ten, który uświadomił innym jego istnienie, ciesząc się poparciem ówczesnego ministra spraw zagranicznych Huberta Védrine'a.
Cztery lata później, w listopadzie 2004 roku personel Ambasady objął w posiadanie gruntownie przekształcony budynek, zarazem podobny i różniący się od poprzedniego.

Zmiana wizerunku

Przez dyskretne czarne ogrodzenie ze stali łatwo dostrzec z ulicy odnowiony budynek, przed którym rozpościera się nowo zaprojektowana i obsadzona zielenią esplanada. Wystawiony na spojrzenia, prezentuje się w łagodniejszej formie, ukazując nowe bardziej ujmujące oblicze, gdzie przejrzystość szkła łagodzi surowość pierwotnego pancerza. Fosa wokół budynku została zasypana, a nad trawnikiem przerzucono trap pozwalający dostać się na betonową płytę lekko uniesionego nad ziemią parteru. Poziom ten, pełniący na co dzień oraz podczas uroczystości funkcje reprezentacyjne, jest dzisiaj całkowicie przeszklony i nawiązuje do pierwszego projektu opracowanego dla terenu na placu Zwycięstwa

a double facade protecting all the upper floors.
The entire structure therefore looks brand new, an entirely new building with intended formal refences to a another one previously built on the same site, a set of specific reminders which in fine questions Pargade's architectural process and develops a certain ambiguity. Such bothersome references to the former Embassy are of two different kinds: the major and the less important which are anecdotal.

Among the first, the most obvious is the plan with its two part division and a covered void in-between, is a plain

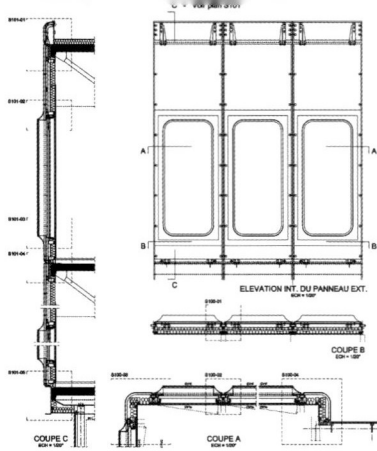

ELEVATION INT. DU PANNEAU EXT.
ECH = 1/20

COUPE B
ECH = 1/20

COUPE C
ECH = 1/20

COUPE A
ECH = 1/20

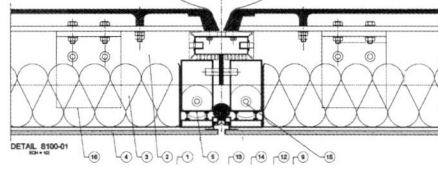

DETAIL S100-01
ECH = 1/2

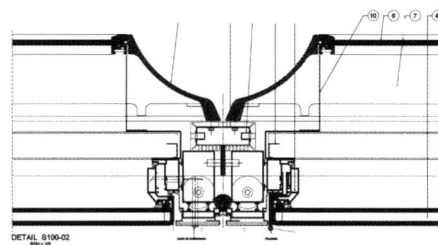

DETAIL S100-02
ECH = 1/2

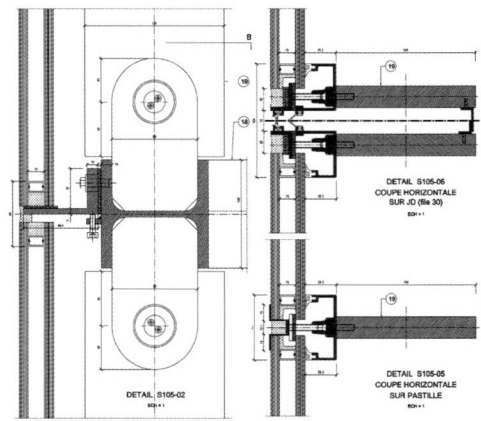

DETAIL S105-06
COUPE HORIZONTALE
SUR JD (file 30)
ECH = 1

DETAIL S105-02

DETAIL S105-05
COUPE HORIZONTALE
SUR PASTILLE
ECH = 1

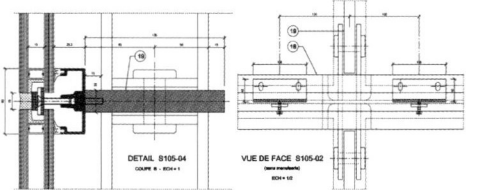

DETAIL S105-04
COUPE B - ECH = 1

VUE DE FACE S105-02
(sans manchette)
ECH = 1/2

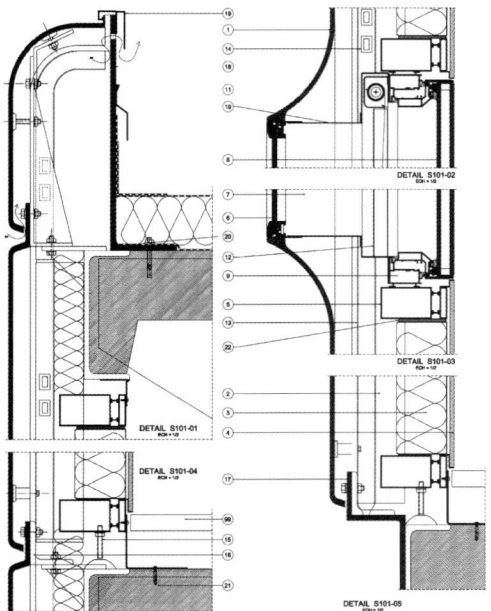

DETAIL S101-02
ECH = 1/2

DETAIL S101-03
ECH = 1/2

DETAIL S101-01
ECH = 1/2

DETAIL S101-04
ECH = 1/2

DETAIL S101-05
ECH = 1/2

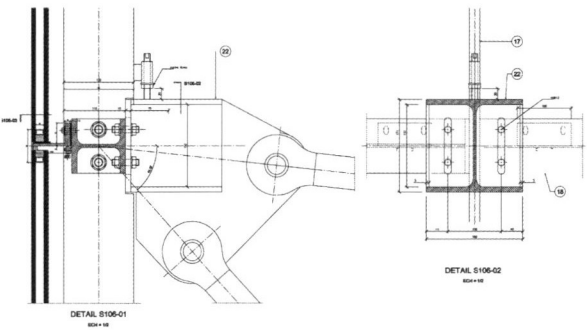

DETAIL S106-01
ECH = 1/2

DETAIL S106-02
ECH = 1/2

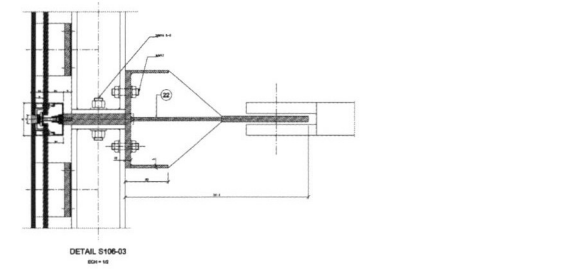

DETAIL S106-03
ECH = 1/2

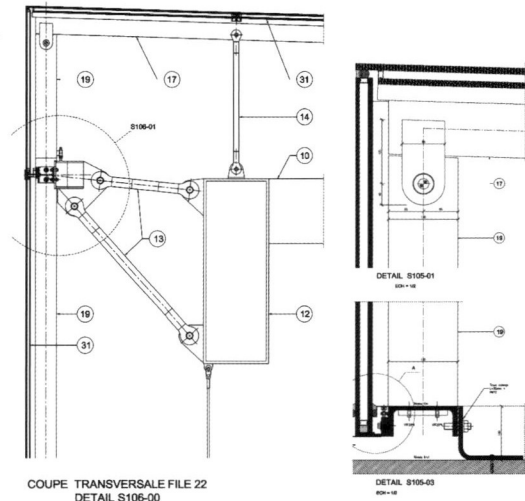

COUPE TRANSVERSALE FILE 22
DETAIL S106-00

DETAIL S105-01
ECH = 1/2

DETAIL S105-03
ECH = 1/2

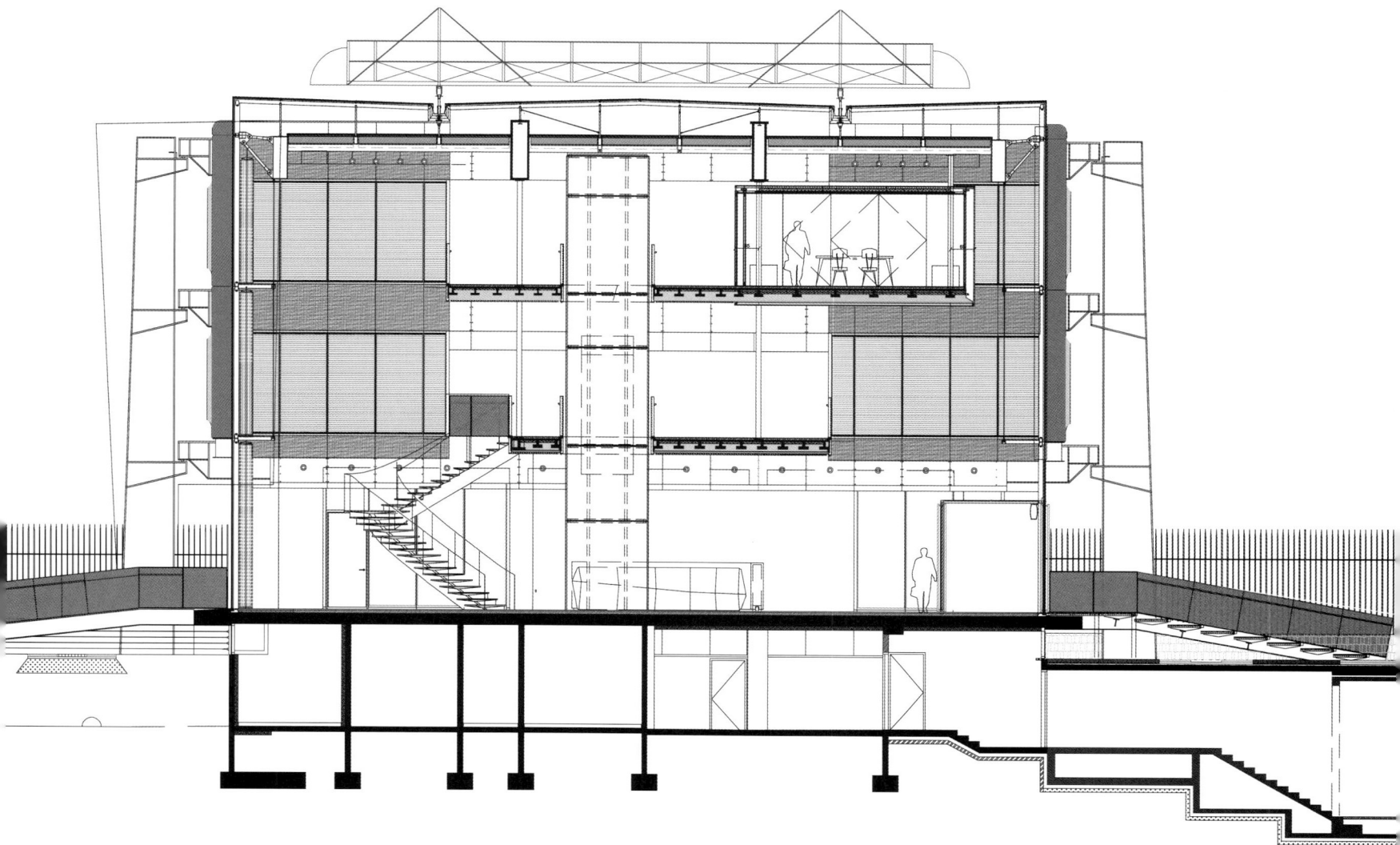

aux étages la continuité des services.
Hier ternis, les panneaux reposés aux
deux étages brillent d'une séduction
nouvelle. Le retournement d'image est
complet, du camp retranché à la
représentation ouverte, de la carapace
à la transparence d'un lieu d'accueil.
Symptomatiquement, les puissants
pylônes passent du blanc au noir d'un
coup de peinture intumescente, ravivant
par contraste l'éclat des panneaux
rénovés.
Le retournement s'opère en toute logique,
dans la rationalité de la construction
d'origine. Il semble aller de soi et
s'effectue sans contorsion, dans
la continuité de l'existant. Il inscrit
le nouveau chapitre d'une histoire presque
sans surprise. Bien sûr, la transformation
ne fut pas aussi simple qu'il y paraît.
La fluidité du parti cache un travail de
fourmi et beaucoup de technologie.
L'opération a consisté à actualiser
l'existant et à l'attendrir sans trop altérer
la brutalité qui fait l'identité du bâtiment.
Elle répond point par point aux consignes
du programme :
- ouvrir le bâtiment sur l'extérieur,

(1962), który obowiązywał zanim zdecydowano
się na zastosowanie paneli zaprojektowanych
przez Jeana Prouvé i całkowite obudowanie
nimi trzech poziomów.
Drugie przęsło początkowo odkryte i tworzące
rodzaj wewnętrznego dziedzińca, jest dzisiaj
oszklone. W ten sposób pustka została jakby
zbudowana, dziedziniec na wolnym powietrzu
przekształcono w atrium. Brakujące ogniwo
zostało włączone do struktury, umieszczone na
piętrach pomosty zapewniają zaś ciągłość ruchu
między poszczególnymi działami.
Oczyszczone i wstawione ponownie na dwóch
kondygnacjach panele błyszczą nowym
blaskiem. Ambasada została całkowicie
odmieniona, nie przypomina już obozu
obwarowanego szańcami lecz otwarte na świat
przedstawicielstwo, obronną skorupę zastąpiła
przejrzystość właściwa miejscu przyjmującemu
gości. Co znamienne, potężne białe pylony
przemalowano puchnącą farbą na czarno,
uwydatniając na zasadzie kontrastu blask
odnowionych paneli.
Przeobrażenia dokonano z pełną konsekwencją,
zgodnie z logiką pierwotnej konstrukcji.
Wydawało się być naturalną koleją rzeczy i
postępowało bezkonfliktowo, rozwijając
założenia architektoniczne istniejącego budynku

- rétablir la continuité du fonctionnement par strates horizontales,
- introduire de la fluidité à tous les niveaux (dans le respect de certaines obligations de confidentialité liées à la chancellerie et aux services du Chiffre),
- écrire le continuum historique d'un ouvrage à léguer au patrimoine de l'architecture moderne.

Énergie captée

Le projet mis en œuvre repose sur quelques actions stratégiques, aux effets simples et à la volonté marquée, afin d'exprimer l'état d'esprit de l'époque et d'actualiser l'image de l'ambassade. « La volonté, affirme Jean-Philippe Pargade, est la même que celle qui a présidé à la construction d'origine, à savoir : réaliser un bâtiment qui marque par sa modernité et ses ambitions la présence française en Pologne. Cette volonté s'appuie sur un choix clair : accepter l'héritage de Bernard Zehrfuss, valoriser l'architecture pionnière des trente glorieuses et adapter le bâtiment aux exigences les plus avancées des lieux de travail et de communication ».

i zapisując nowy rozdział w historii niemal bez niespodzianek. Oczywiście przeobrażenie to nie dokonało się, jak mogłoby się wydawać, bez wysiłku. Za uzyskaną płynnością architektoniczną stoi mrówcza praca i siła technologii.
Operacja polegała na dostosowaniu istniejącej budowli do współczesnych warunków oraz na złagodzeniu jej architektury, przy uniknięciu zbytniej ingerencji w pełną brutalności formę stanowiącą o tożsamości budynku. Odpowiada ona punkt po punkcie następującym założeniom programowym :
- otworzyć budynek na świat zewnętrzny,
- przywrócić ciągłość funkcjonowania poprzez poziomą reorganizację działów,
- wprowadzić płynność ruchu na wszystkich kondygnacjach (respektując pewne ograniczenia związane z objętymi poufnością działami takimi jak kancelaria dyplomatyczna czy dział systemów informacyjno-komunikacyjnych),
- zapewnić historyczną ciągłość budowli, która zasługuje, by znaleźć się na liście dziedzictwa architektury nowoczesnej.

Przechwycona energia

Projekt renowacji opierał się na kilku prostych

reproduction of the first design. Indeed it is. It is obviously due to a volontary use of the original structural system. An imperative Pargade dealt with in a clever way: he glazed the entire ground floor of both blocks, and created the transparent enclosure of the void, furnishing it with a spectacular staircase, a few exposed walkways and several dazzling floor objects
- brillant ideas and definite diversions from the past. Interiors are of the same sort: office design, including their window panels, are totally free of past references. Well designed, well furnished, they are pleasant but these fine amenities raise the theme of their container, the Prouvé

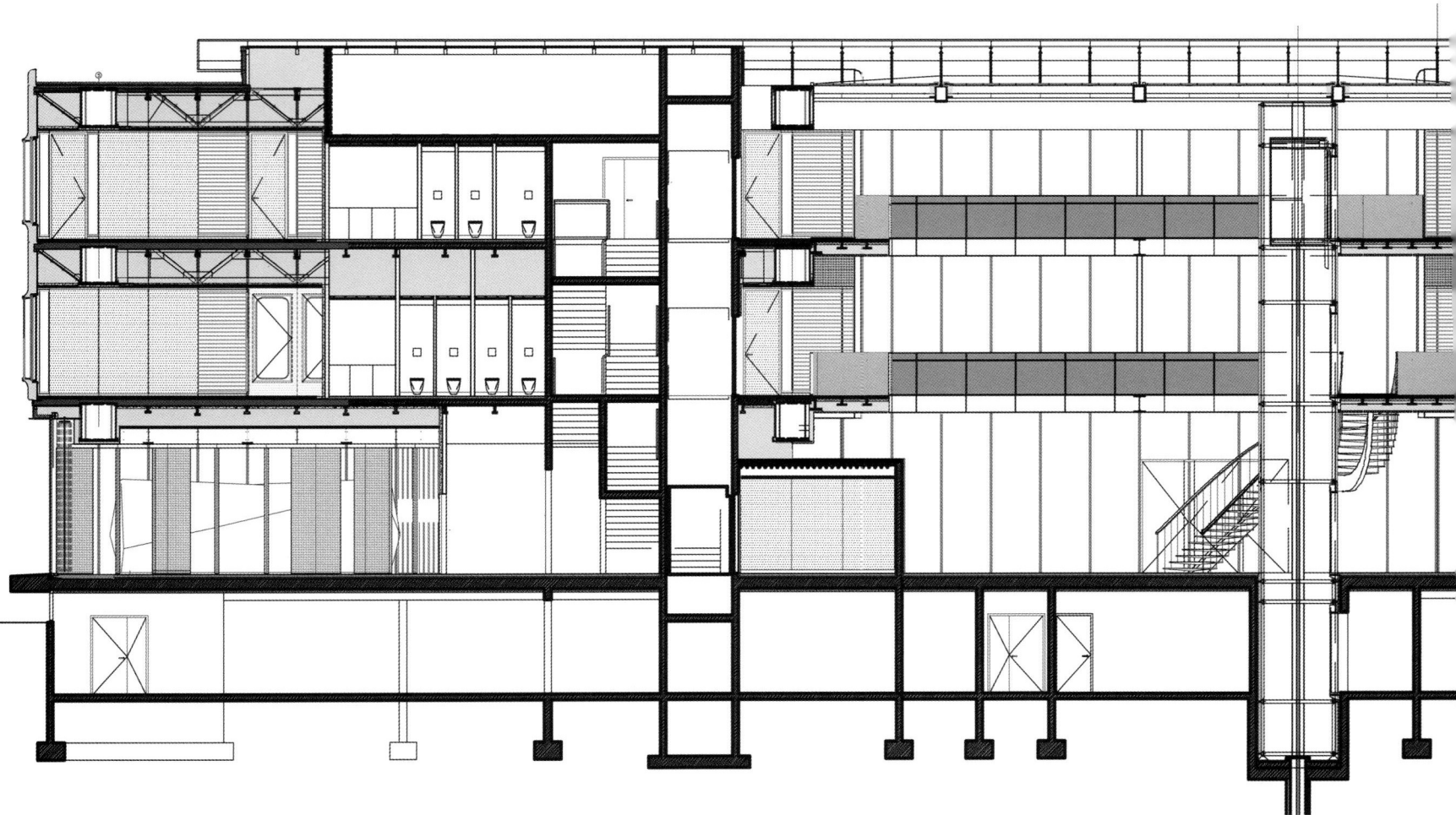

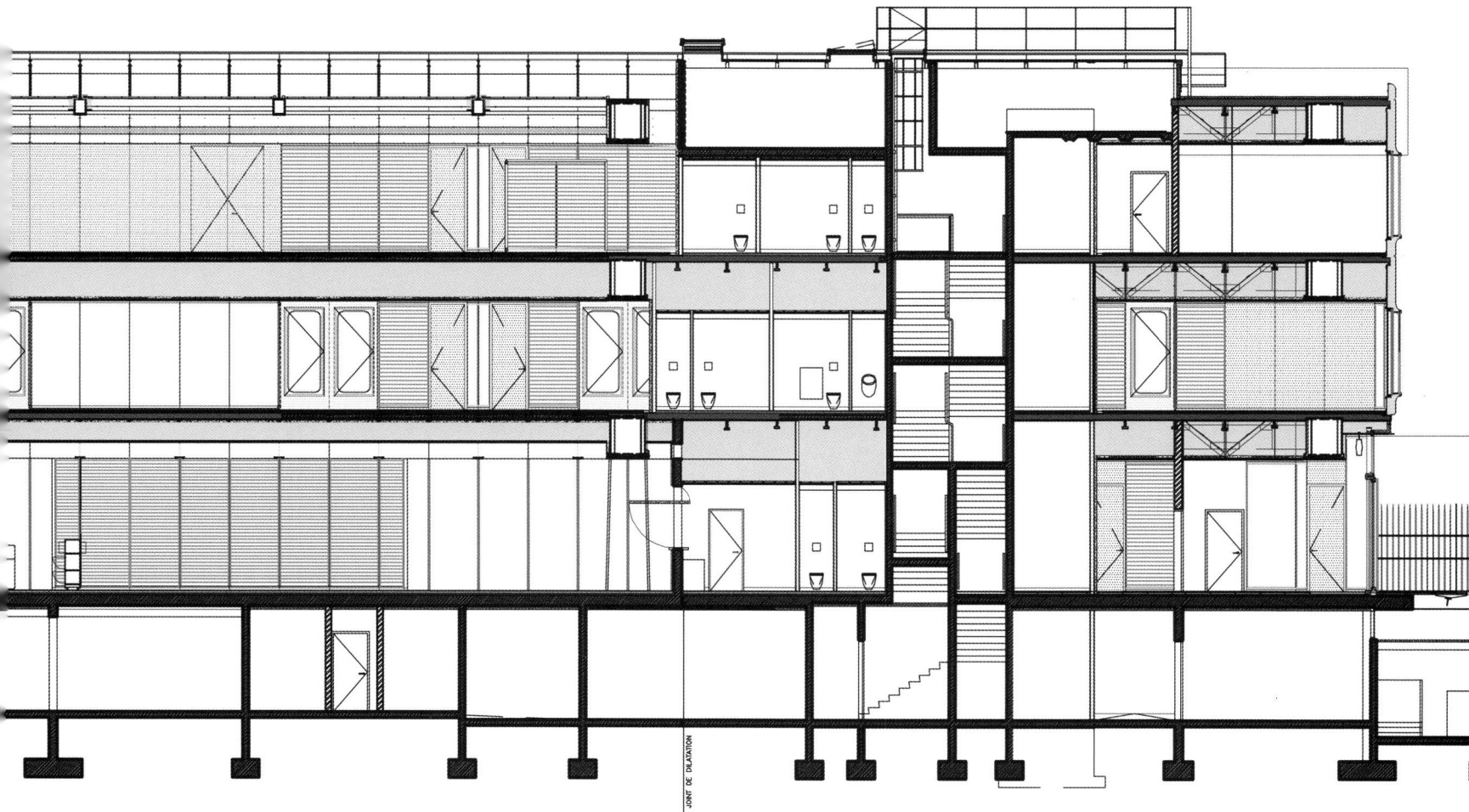

JOINT DE DILATATION

L'attitude consiste à saisir l'opportunité que représente l'ambassade construite par Bernard Zehrfuss et à l'adapter tout en conservant l'héritage architectural. Attentif à la logique de l'édifice, Jean-Philippe Pargade s'est approprié le projet de son illustre aîné pour le faire évoluer dans le bon sens, sans rupture manifeste ni nostalgie déplacée. Il reprend à son compte les propos de ses confrères bâlois Herzog et de Meuron sur la stratégie de l'aïkido appliquée au bâtiment : utiliser l'énergie de l'adversaire en la détournant pour réaliser ses propres objectifs. De l'énergie, l'ambassade n'en manque pas. Ses puissants portiques qui suspendent les étages sont mis à profit pour retrouver des plateaux libres et son enveloppe restaurée affirme à bon compte la singularité de l'ouvrage. L'architecture d'origine est exacerbée, ses effets amplifiés, pendant que les espaces intérieurs, hier scindés en deux blocs, sont mis en relation par la construction du maillon manquant.

strategicznych posunięciach mających na celu oddanie stanu ducha epoki oraz unowocześnienie wizerunku Ambasady. « Cel jest taki sam, zapewnia Jean-Philippe Pargade, jak ten, który przyświecał pracom przy budowie pierwotnej konstrukcji, a mianowicie : stworzenie budynku, który poprzez swoją nowoczesność i swe aspiracje zaznaczyłby francuską obecność w Polsce. Cel ten opiera się o wyraźny wybór : przyjęcie pozostawionej przez Bernarda Zehrfussa spuścizny, udoskonalenie pionierskiej architektury okresu „trente Glorieuses" i przystosowanie budynku do najwyższych wymogów w zakresie warunków pracy i komunikacji ». Chodziło o to, by skorzystać z szansy, jaką stanowił już istniejący budynek ambasady zaprojektowany przez Bernarda Zehrfussa i by zaadaptować go do nowych warunków przy jednoczesnym zachowaniu dziedzictwa architektonicznego. Dbając o logikę budowli, Jean-Philippe Pargade przyswoił sobie projekt znakomitego kolegi, by nadać mu właściwy kształt, nie zrywając jednocześnie w wyraźny sposób z przeszłością, ale też nie manifestując nadmiernej nostalgii. Architekt przytacza słowa kolegów z Bazylei, Jacquesa Herzoga i Pierre'a de Meurona, na temat strategii aikido

Effets amplifiés

Le décollement du sol est accentué par le vitrage intégral du rez-de-chaussée surélevé. La dalle débordante, entièrement refaite, souligne l'assise de ce niveau de référence alors que la douve comblée agrandit le jardin d'une pelouse en pied. Une ligne de vitrage subsiste pour éclairer d'une imposte le parking en sous-sol, renforçant l'effet de lévitation du bâtiment.

L'assise vitrée contribue à révéler le schéma structurel d'un ouvrage aux étages suspendus. Œuvres vives peintes en noir, les pylônes aux goussets marqués et l'about des poutres expriment avec force leur rôle structurel. Les plateaux libres qui en sont la retombée logique s'imaginent depuis l'extérieur. Ils offrent une souplesse totale que seule la trame des panneaux de façade (1,30 m) vient contraindre. Cette liberté est démultipliée par la création des larges passerelles de distribution qui franchissent le vide du hall entre les deux corps de bâtiment d'origine. Également suspendues à une nouvelle poutraison, elles assurent la continuité des plateaux à chaque niveau,

zastosowanej w budownictwie : wykorzystać energię przeciwnika, zmieniając jej kierunek w taki sposób, by posłużyła do realizacji naszych własnych celów.

Energii ambasadzie nie brakuje. Jej potężne portyki, na których zawieszone są piętra, uwalniają ich platformy od wszelkich wewnętrznych podpór, a odrestaurowane okrycie całości podkreśla szczególny charakter budowli. Pierwotna architektura została zaakcentowana, wzmocniono jej efekt, natomiast wewnętrzne przestrzenie, rozbite niegdyś na dwa bloki, zostały połączone dzięki wybudowaniu brakującego ogniwa.

Wzmocniony efekt architektoniczny

Zastosowanie integralnego przeszklenia na całej linii podwyższonego parteru sprawia, że budynek zdaje się unosić nad ziemią. Wystająca na zewnątrz, całkowicie odnowiona płyta ukazuje w pełni cokół budynku, a uzyskana po zasypaniu fosy i przekształcona częściowo w trawnik przestrzeń zwiększa powierzchnię ogrodu. Na dole zachowano pas przeszkleń, by oświetlić impostem podziemny parking, co wzmacnia dodatkowo efekt lewitacji budynku. Oszklony cokół uwydatnia strukturalny schemat budowli o zawieszonych na portykach stropach.

recycled panels which constitute their facades. Were they really necessary? Indeed, they are the most obvious reference to the former building but in the past they convered all external facades from the bottom to the top which is no longer the case in the present project. Are those old/new panels a planed decorative theme or the end result of a sheer romantic concept? Here again is an ambiguity, - and there are also some contradictions which finally do not matter. Both are inherent in all remarkable projects.

creusant l'espace de leurs perspectives. Caractéristique de l'architecture d'origine, la dissociation de la structure et de l'enveloppe est affirmée, encore accentuée par les éléments de vitrage incorporés. Les deux matériaux fondateurs du projet sont conservés et mis en valeur : la fonte d'aluminium des panneaux moulés et l'acier noir de la structure renvoyant à deux imaginaires techniques, la construction aéronautique et les chantiers navals. Ils sont la signature caractéristique de cette architecture exclusive.

L'œuvre de Zehrfuss subsiste aussi dans la composition d'ensemble, avec sa respiration maintenue sur la deuxième travée afin d'éviter l'effet monolithique d'une barre de 90 mètres de long.

Et rappelons que la dépose des panneaux de Prouvé au profit d'un vitrage général au rez-de-chaussée est conforme à l'esprit du projet initial qui recherchait cette transparence. Liaison évidente, la verrière formant l'atrium sur la deuxième travée, que seul le projet Pargade proposait, préserve la dichotomie de l'édifice en résorbant la coupure fonctionnelle.

Pylony o widocznych węzłówkach pokładowych oraz czoła belek – pomalowane na czarno, pełne energii elementy konstrukcji – zaznaczają z całą siłą swą strukturalną rolę. Patrząc z zewnątrz, łatwo wyobrazić sobie całkowicie uwolnione od wewnętrznych podpór platformy, będące logiczną konsekwencją takiego rozwiązania konstrukcyjnego. Pozwalają na swobodne kształtowanie przestrzeni ograniczone jedynie strukturą fasadowych paneli (1,30 m). Wrażenie swobody wzmacniają szerokie pomosty komunikacyjne, które przecinają pustą przestrzeń holu, łącząc obie części pierwotnego budynku. Zawieszone na nowym belkowaniu zapewniają ciągłość ruchu wewnętrznego na każdym poziomie i wzmacniają uczucie otwartej przestrzeni. Charakterystyczna dla pierwotnej architektury budynku niezależność struktury i powłoki została zachowana i dodatkowo podkreślona przez wprowadzenie przeszkleń. Zachowano i uwydatniono dwa podstawowe dla oryginalnego projektu materiały: stop aluminium, z którego odlano panele, i pomalowaną na czarno stal konstrukcji nośnej, odsyłające do dwóch światów wyobraźni technicznej, świata samolotów i stoczni. Stanowią one charakterystyczny znak tej

Étudiée avec l'ingénieur Nicholas Green
et réalisée par l'entreprise Laubeuf,
la verrière est taillée au gabarit du bâti,
en légère saillie. Elle maintient la
transparence sur trois faces et entretient
le souvenir du vide originel tout en
construisant l'espace du hall. L'ambassade
y gagne un foyer aux dimensions inusitées
qui diffuse la lumière au cœur des
plateaux et articule de vastes paliers.
Véritable vitrine, elle met en scène la vie
de l'ambassade dans le travelling des
passerelles et la présence d'objets en
suspension dont une salle de réunion
aux parois de verre, laiteuse comme
un nuage planant au-dessus de l'entrée :
réminiscence ou fantôme de l'auvent
en tôle pliée.

Communication rétablie

L'atrium réalise la soudure entre les deux
blocs. Il résorbe le handicap fonctionnel
de la partition originelle tout en procurant
un appréciable gain d'espace et
d'ambiance. C'est le lieu central de la
communication interne, par sa fonction et
sa destination. Tendues dans l'espace, les
passerelles jumelées sont des plaques de

budowli o wyjątkowej architekturze.
Dzieło Zehrfussa przetrwało także w
kompozycji całości, zachowana na odcinku
drugiego przęsła wolna przestrzeń pozwoliła
uniknąć wrażenia
dziewięćdziesięciometrowego monolitycznego
bloku. Przypomnijmy, że usunięcie z parteru
zaprojektowanych przez Jeana Prouvé paneli na
rzecz ogólnego przeszklenia jest zgodne z
duchem początkowego projektu, który
poszukiwał podobnej przejrzystości.
Przewidziane jedynie przez projekt Pargade'a
przeszklenie, tworzące na odcinku drugiego
przęsła atrium i łączące w sposób oczywisty
rozdzielone dawniej dwa korpusy ambasady,
pozwala zachować dwuczłonowy charakter
budynku, likwidując jednocześnie jego
funkcjonalny podział. Zaprojektowane przez
inżyniera Nicolasa Greena i wykonane przez
firmę Laubeuf przeszklenie zostało
dostosowane do wymiarów konstrukcji,
z lekkim występem u góry. Zapewnia
przejrzystość trzech ścian i zachowuje pamięć
pierwotnej pustki, budując jednocześnie
nowopowstałą przestrzeń holu. Ambasada
zyskała dzięki niemu niecodziennych rozmiarów
foyer, przez które światło dociera aż na
platformy pięter, włączając je do wspólnej

connexion qui rétablissent le contact entre les plateaux et rendent possible la réorganisation horizontale de l'ambassade. La mise en communication des personnes et des services est relayée par les nouvelles technologies qui innervent désormais le bâtiment. Visuelle, physique et immatérielle, la communication règne à tous les niveaux. Elle se veut également tournée vers l'extérieur et la transparence du hall traduit cette volonté d'ouverture au public.

L'organisation générale procède par stratification sur trois niveaux principaux et un sous-sol, avec les espaces les plus publics au rez-de-chaussée et les plus confidentiels et protégés au dernier étage. Les parties recevant du public sont réparties ainsi sur deux niveaux : salles de conférence, espace multimédia, cafétéria et consulat donnent le ton de ces lieux ouverts greffés sur le hall central aux proportions généreuses. On y circule librement sur un sol en résine continu. L'aménagement et le mobilier sont au diapason, avec notamment une banque d'accueil et un vestiaire, objets singuliers en plastique moulé de couleur orange.

przestrzeni. Niczym prawdziwa witryna sklepowa, ukazuje naszym oczom życie Ambasady w ciągłym ruchu i pozwala dostrzec obecność podwieszonych obiektów, do jakich należy sala konferencyjna o szklanych mlecznobiałych ścianach, unosząca się niczym obłok nad wejściem : wspomnienie czy też cień dawnego zadaszenia z profilowanej blachy.

Przywrócona łączność

Atrium spaja dwa korpusy budowli. Likwiduje w ten sposób funkcjonalny defekt oryginalnego podziału, jednocześnie powiększając znacznie przestrzeń budynku i wpływając korzystnie na jego atmosferę. Dzięki swej funkcji i przeznaczeniu stanowi ono centralne miejsce wewnętrznej komunikacji. Przerzucone parami przez pustą przestrzeń holu pomosty przywracają łączność między platformami pięter i umożliwiają horyzontalną reorganizację ambasady. Ułatwienie przepływu osób i informacji ambasada zawdzięcza po części wszechobecnemu zastosowaniu nowych technologii. Na wszystkich poziomach budynku panuje łączność wzrokowa, fizyczna i psychiczna. Architektura budynku poszukuje również kontaktu ze środowiskiem zewnętrznym i ten wysiłek otwartości

Une colonie de fauteuils design (Patrik Norguet) parquée sur un tapis noir occupe l'espace attenant d'un salon, triptyque de Georges Rousse en regard. Quelques fauteuils s'en échappent, clairsemant l'espace du hall. Parois et plafond s'habillent d'un même placage de bouleau blond, expression d'un consensus diplomatique entre le brutalisme de l'architecture d'origine et le confort requis par la fonction d'accueil et de représentation. Les stores se déroulent au soleil sur la face sud de la verrière. Le ludion de l'ascenseur glisse entre des parois de verre au droit des passerelles. Une volute d'escalier gagne l'étage. Au premier résident les services accessibles à un public ciblé, français ou polonais : service culturel et missions économiques. L'aménagement paysager prédomine, avec un discret cloisonnement de verre aux stores intégrés pour séparer les services et isoler quelques bureaux.

Le second étage est d'accès limité et plus privatif, avec la chancellerie et toute une partie en zone protégée ou interdite, notamment pour le service du Chiffre et

względem otoczenia wyrażają właśnie przezroczyste ściany holu.
Ogólną organizację budynku rozplanowano zgodnie z poziomym podziałem funkcji na trzech kondygnacjach głównych i w części podziemnej : parter przewidziano jako przestrzeń ogólnodostępną, ostatnie zaś piętro o tajnym charakterze objęto specjalną ochroną. Działy przyjmujące gości rozmieszczono na dwóch kondygnacjach. W holu znajdują się punkty ogólnodostępne : sala konferencyjna, kącik multimedialny, barek, a także konsulat. Szczodre proporcje holu nadają ton tym otwartym miejscom. Można się tu swobodnie przechadzać po żywicznej posadzce. Wnętrza i ich wystrój zostały do siebie dopasowane, chodzi zwłaszcza o kontuar recepcji i szatnię, obiekty z pomarańczowego plastyku o ciekawej formie. Na czarnym dywanie tuż przy poczekalni umieszczono zwartą grupę foteli zaprojektowanych przez francuskiego designera Patricka Norgueta; widać stąd tryptyk Georgesa Rousse'a. Kilka foteli rozmieszczono także tu i ówdzie w innych miejscach holu. Zarówno ściany jak i sufity wykończono okładziną z białej brzozy, ma ona symbolizować dyplomatyczny konsensus między brutalizmem pierwotnej architektury a komfortem, którego wymagają

ses antennes.
La rénovation est étendue aux abords, jardins et clôture. L'entrée sur le terrain de l'ambassade est conservée pour l'accès des piétons et des véhicules VIP. Une jetée en survol de la pelouse matérialise l'accès : clarté du dispositif. Il est reproduit de l'autre côté, en direction de la résidence de l'ambassadeur, villa des années 1980 construite par Guy Autran. En faction derrière la grille, le poste central de sécurité contrôle tous les accès. Celui au parking en sous-sol est reporté sur le côté est du bâtiment.
Réglés par le paysagiste David Besson Girard, les jardins composent le premier plan inhérent au recul du bâtiment. Agrandis par la suppression des douves et des parkings de surface, ils s'étirent en surface, dessinant la nouvelle assise du bâtiment dans une alternance de bandes engazonnées et dallées. Des murets de pierres sèches cadrent et escamotent les deux portions de cour anglaise qui subsistent sur chaque façade, agrandies à la taille d'une rampe ou d'une esplanade. Tous les arbres ont été

funkcje reprezentacyjne miejsca otwartego dla gości. Od południowej nasłonecznionej strony przeszklonego atrium zainstalowano story. Na prawo od pomostów sunie winda otoczona szklanymi ściankami. Na piętro prowadzą również kręte schody.
Na pierwszym piętrze znajdują się działy dostępne dla francuskich i polskich interesantów : dział do spraw współpracy kulturalnej, dział ekonomiczny, dział do spraw społecznych oraz dział administracyjny i finansowy. Dominuje tu otwarta przestrzeń, część biur została odizolowana dzięki zastosowaniu dyskretnych szklanych ścianek działowych z wmontowanymi żaluzjami.

Drugie piętro ma charakter bardziej zamknięty i dostęp na nie jest ograniczony, znajduje się tam kancelaria dyplomatyczna oraz część objęta ochroną lub całkowitym zakazem wstępu, chodzi zwłaszcza o dział systemów informacyjno-komunikacyjnych i podlegające mu biura.
Remont ambasady objął również reorganizację otaczającego ją parku i wymianę ogrodzenia. Wstęp na teren ambasady został zachowany dla pieszych i dla pojazdów VIP-owskich. Dostęp do budynku zapewnia przerzucony nad

conservés ; de nouveaux ont été plantés. Ces jardins participent de la mise en scène de l'ambassade sous toutes ses faces et de son intégration dans l'environnement verdoyant du quartier des ambassades, Ujazdow, jouxtant le parc Lazienkowski.

trawnikiem pomost, nadaje to przejrzystości całemu układowi. Taki sam pomost został zainstalowany z drugiej strony budynku, od strony rezydencji Ambasadora, willi z lat 80. zaprojektowanej przez Guya Autrana. Tuż za ogrodzeniem znajduje się centralny punkt kontroli wszystkich wejść. Wjazd na podziemny parking został przeniesiony i znajduje się od zachodniej strony budynku.
Zaprojektowane przez architekta krajobrazu Davida Bessona Girarda ogrody znajdują się na pierwszym planie działki, tuż przed budynkiem ambasady. Powiększone dzięki zasypaniu fosy i likwidacji naziemnego parkingu wytyczają nową perspektywę budynku dzięki naprzemiennej obecności pasów zieleni i kamiennych płyt. Niewysokie kamienne murki otaczają i zręcznie skrywają powiększone do rozmiarów podjazdu czy też esplanady połacie dziedzińca w stylu angielskim znajdującego się po obu stronach budynku. Wszystkie drzewa znajdujące się wcześniej na terenie ambasady zachowano, posadzono nowe. Ogrody te organizują przestrzeń wokół ambasady, integrując jej teren z pełnym zieleni Ujazdowem, dzielnicą ambasad sąsiadującą z Parkiem Łazienkowskim.

Chancelerie Diplomatique
Kancelaria Dyplomatyczna
Bureaux 1.1 à 1.10 • Biuro 1.1 ze 1.10

**Service de presse
& documentation**
**Sluzba prasowa
§ documentacja**
Bureaux 1.11 à 1.17 • Biuro 1.11 ze 1.17

Justice
Justice
Bureaux 1.18 à 1.29 • Biuro 1.18 ze 1.29

2

**Service administratif,
financier et technique**
**Wydział Administracyjny,
Finansowy i Techniczny**

Consulat
Konsulat

Service de la coopération
et de l'action culturelle
Wydział Współpracy
i działalności kulturalnej

Alliance française
Alliance française

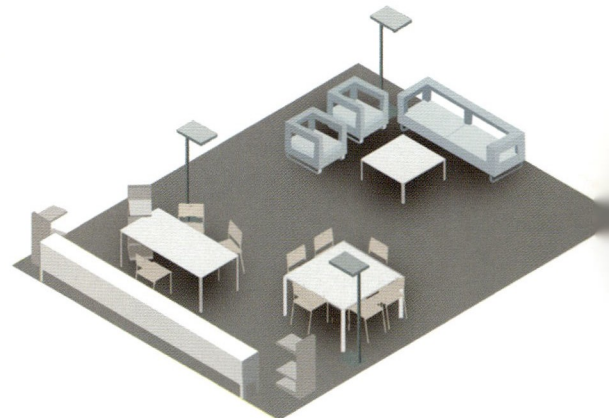

STRUCTURE
POTEAUX
CAPOTAGE

PANNEAU
DE FACADE

MENUISERIE
SERRURERIE

FAUX-PLAFOND
PASSERELLE

FAUX-PLAFOND
BOIS

SOL RESINE
HALL

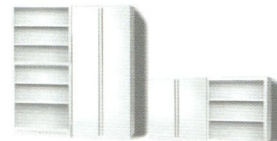

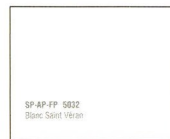
SP-AP-FP 5032
Blanc Saint Véran

SP-AP-FP 5357
Bleu Nantua

ST-AF 5782
Orange Agave

SC-AR 5878
Marron Oslo

Rez-de-chaussée, 1% artistique, Georges Rousse

Parter, 1% artystyczny, Georges Rousse

Ground floor. Art work by Georges Rousse

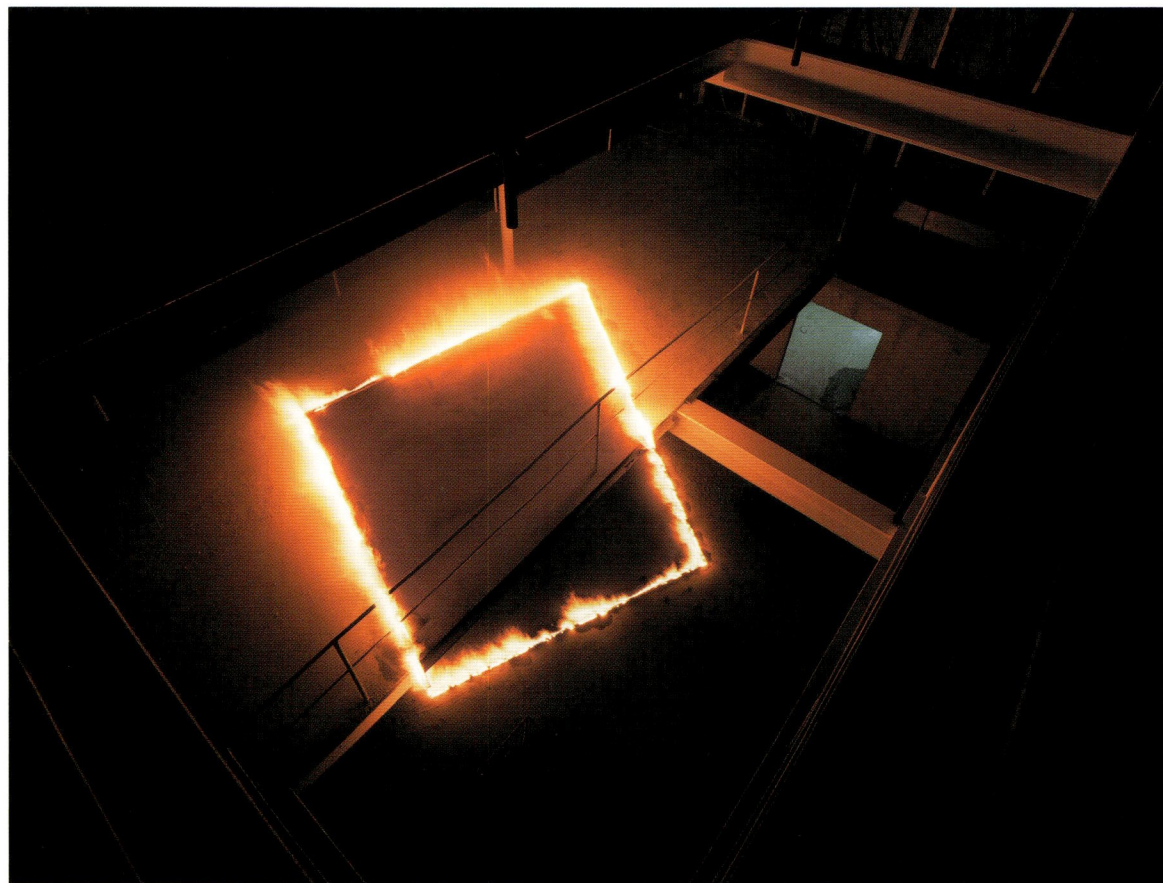

Fiche technique

Programme
Rénovation de l'ambassade de France de Varsovie
Réalisation
Commande publique
Concours
Lauréat novembre 2000
Début du chantier
Janvier 2002
Livraison
Novembre 2004
Maîtrise d'ouvrage
Ministère des Affaires étrangères
Surface
Surface H.O. : 6 000 m²
Surface utile : 3 500 m²
Coût
Désamiantage : 1,2 M € HT
Travaux : 16, 2 M € HT (valeur 2005)
Maîtrise d'œuvre
Jean-Philippe Pargade, C. Rigaldies Associés, R. Gala, M-F. Baldran, S. Neves, O. Jaubert, B. Eistert, P. Déterville
Bureau d'études
Technip TPS
Architecte et bureau d'études techniques (Pologne)
Coplan Polska
Programmiste
Isabelle Crosnier
Économiste
Cabinet Gay Puig
Éclairagiste
ACL Alexis Coussement
Bureau d'études (façades)
Nicholas Green
Paysagiste
David Besson Girard
Signalétique
Alex Singer

Entreprises (six lots)
RABOT DUTILLEUL : macro-lot comprenant démolition, terrassement, gros œuvre, charpente métallique
DBS : protection incendie
LAUBEUF : étanchéité, verrières, façades métalliques
RABOT DUTILLEUL / RD BUD : second œuvre et lots techniques
RP INSTAL : sous-station de chauffage
ECPI - PRIEZ FLAMENT : traitement des panneaux en fonte d'aluminium

Principaux produits mis en œuvre
Façades : rénovation des panneaux en fonte d'aluminium de conception Prouvé par traitement Xylan (anti-adhérent Teflon)
Verrière : vitrage SAINT-GOBAIN et profilés en aluminium
Atrium : façade vitrée suspendue type VEC
Cloisons amovibles : PERMASTEELISA (vitrage collé)
Panneaux bois : placage bouleau MAROTTE
Faux plafonds de l'atrium et passerelles + garde-corps : métal déployé thermolaqué
Climatisation : MTA (entreprise CARRIER)
Aménagement extérieur : dalles de granit polonais, bois traité, caillebotis acier galvanisé

Opis techniczny

Projekt
Remont budynku Ambasady Francuskiej w Warszawie
Wykonanie
Zamówienie publiczne
Konkurs
Laureat wyłoniony w listopadzie 2000
Rozpoczęcie prac
Styczeń 2002
Oddanie do użytku
Listopad 2004
Inwestor
Francuskie Ministerstwo spraw Zagranicznych
Powierzchnia
Powierzchnia ogólna : 6 000 m²
Powierzchnia użytkowa : 3 500 m²
Koszt inwestycji
Usunięcie azbestu : 1,2 mln € bez wat'u
Roboty : 16,2 mln € bez wat'u (wartość 2005)
Kierownik budowy
Jean-Philippe Pargade, C. Rigaldies Associés, R. Gala, M-F. Baldran, S. Neves, O. Jaubert, B. Eistert, P. Déterville
Biuro projektów
Technip TPS
Biuro projektów w Polsce
Coplan Polska
Realizacja programu
Isabelle Crosnier
Sprawy ekonomiczne
Gabinet Gay Puig
Oświetlenie
ACL Alexis Coussement
Fasady
Biuro projektów, Nicholas Green
Tereny zielone
David Besson Girard
Oznakowanie
Alex Singer

Lista współpracujących przedsiębiorstw :
RABOT DUTILLEUL : rozbiórka, prace ziemne, stan surowy budynku, metalowa konstrukcja
DBS : ochrona przeciwpożarowa
LAUBEUF : zapewnienie szczelności (przeszklenia i metalowe fasady)
RABOT DUTILLEUL / RD BUD : prace wykończeniowe
RP INSTAL : ogrzewanie
ECPI - PRIEZ FLAMENT : wykończenie paneli ze stopu aluminium

Główne elementy wystroju
Fasady : renowacja paneli ze stopu aluminium (projekt Prouvé), wykończenie Xylan (powierzchnia typu teflon)
Elementy szklane : szyby SAINT-GOBAIN i profile aluminiowe
Atrium : fasada szklana podwieszona
Ruchome ścianki : PERMASTEELISA, partie oszklone ze szkła klejonego z wbudowanymi żaluzjami
Panele drewniane wyciszające na podwieszonym suficie i ścianach : wykończenie brzoza marki MAROTTE
Podwieszony sufit w atrium i pomosty + balustrady : metal lakierowany termicznie
Klimatyzacja : MTA (firma CARRIER)
Wystrój zewnętrzny : płyty granitowe, elementy drewniane, kratownice schodowe ze stali galwanizowanej

Data Sheet

Programme
Renovation of the French Embassy in Warsaw
Construction
State tender
Competition
Laureate selected in November 2000
Start of works
January 2002
Delivery
November 2004
Client
The French Ministry of Foreign Affairs
Area
Surface H.O.: 6 000 m²
Surface utile: 3 500 m²
Cost
Removing the asbestos: 1,2 M € HT
Renewal:16, 2 M € HT (value 2005)
Supervising Architect
Jean-Philippe Pargade, C. Rigaldies Associés, R. Gala, M-F. Baldran, S. Neves, O. Jaubert, B. Eistert, P. Déterville
Research department
Technip TPS
Architect and research department (Poland)
Coplan Polska
Programme supervisor
Isabelle Crosnier
Economist
Gay Puig
Lighting Engineer
ACL Alexis Coussement
Research Unit (facades)
Nicholas Green
Landscape Gardener
David Besson Girard
Signage
Alex Singer

Companies (six domains)
RABOT DUTILLEUL: major works, including the demolition, excavation works, main construction and the metal structure
DBS: fire protection
LAUBEUF: waterproofing, glass panelling and metal facades
RABOT DUTILLEUL / RD BUD: second construction and technical operations
RP INSTAL: underground heating system
ECPI - PRIEZ FLAMENT: treating the cast aluminium panels

Major products installed
Facades: Prouvé's cast aluminium panels renovated by coatings of Xylan (anti-adherent Teflon)
Glazing: SAINT-GOBAIN glazing and metal sections
Atrium: Glazed and attached façade
Removable Partitions: PERMASTEELISA (attached glazing)
Wooden panels: MAROTTE birch veneering
Atrium ceilings and footbridges + barriers: unfolded thermoformed metal
Air conditioning: MTA (CARRIER company)
Outside layout: slabs of Polish granite, treated wood and galvanised steel grating

Biographie

Jean-Philippe Pargade est né en 1947 à Mont-de-Marsan dans les Landes. Admis à l'École des beaux-arts de Bordeaux en 1965, il entre dans l'atelier de Claude Ferret, puis de Le Maresquier à Paris. Il entreprend ensuite des études d'architecture à l'unité pédagogique n°6 de Paris où il obtient son diplôme d'architecte en 1972 et un doctorat d'urbanisme à l'École nationale des ponts et chaussées l'année suivante.
Après plusieurs collaborations et une mission auprès du ministère de l'Équipement, il crée son agence d'architecture en 1980 et s'associe à Robert Grosjean jusqu'en 1985, avant de s'installer au 36 Boulevard de la Bastille à Paris en 1997.

Jean-Philippe Pargade a obtenu le prix du Palmarès de l'Habitat pour l'Îlot des Patriarches à Paris en 1986, le Prix départemental d'Architecture d'Ille-et-Vilaine pour la Bibliothèque centrale de prêt à Rennes en 1990 et plus récemment la Médaille d'Or de l'Académie d'Architecture pour le Centre Hospitalier de Mantes-la-Jolie en 2003.

Biographia

Jean-Philippe Pargade urodził się w 1947 roku, w Mont-de-Marsan w departamencie Landes. W 1965 roku został przyjęty do Państwowej Szkoły Sztuk Pięknych w Bordeaux. Nauki pobierał w pracowni Claude'a Ferreta, a później w pracowni Le Maresqiuera w Paryżu. Następnie podjął studia na wydziale architektury w Paryżu. Dyplom architekta uzyskał w 1972 roku, a rok później obronił doktorat z urbanistyki w Wyższej Szkole Dróg i Mostów.
Współpracował z wieloma firmami architektonicznymi, a także z Ministerstwem Budownictwa. W 1980 roku otworzył własną pracownię ; jego wspólnikiem do 1985 roku był Robert Grosjean. Od 1997 roku biuro znajduje się przy bulwarze de la Bastille w Paryżu.

W 1986 roku Jean-Philippe Pargade otrzymał pierwszą nagrodę w dziedzinie architektury mieszkalnej za projekt kompleksu zabudowań przy ulicy des Patriarches w Paryżu ; w 1990 roku Nagrodę architektoniczną departamentu Ille-et-Vilaine za projekt Biblioteki Głównej w Rennes ; a ostatnio, w 2003 roku, Złoty Medal Akademii Architektury za projekt Ośrodka Szpitalnego w Mantes-la-Jolie.

Biography

Jean-Philippe Pargade was born in Mont-de-Marsan (the Landes region), in 1947. He was admitted into Bordeaux's fine arts school in 1965, joining Claude Ferret's studio, and later that of Le Maresquier in Paris. He then studied architecture at Pedagogical Unit n°6 in Paris, where he obtained his architect's diploma in 1972, followed by a doctorate in Urban Planning from the Ecole nationale des ponts et chaussées (France's elite postgraduate engineering school) the following year. After several joint projects and a posting at France's Urban Regeneration Ministry, he created his own architectural agency in 1980 and worked in partnership with Robert Grosjean until 1985, before settling into 36 Boulevard de la Bastille in Paris, in 1997.

Jean-Philippe Pargade was awarded the Palmarès de l'Habitat for the "Ilot des Patriarches" residential village in Paris, in 1986, the architectural prize of Ille-et-Vilaine département in 1990 for Renne's Central loaning library, and more recently, the Architectural Academy's Medaille d'Or in 2003, for the Hospital in Mantes-la-Jolie.

Études et projets en cours

- Hôpital Saint-Charles de Saint-Dié-des-Vosges, 33 000 m², 34 M € HT
- Hôpital d'instruction des armées Bégin à Saint-Mandé, 46 000 m², 430 lits, 69.5 M € HT
- Hôpital au Bailleul à Sablé, 34 000 m², 300 lits, 43 M € HT
- Plateau technique et laboratoires au Centre Hospitalier d'Avignon, 10 100 m², 12.5 M € HT
- Pôle « Mère-Enfant » et service des urgences au Centre Hospitalier de Valence, 12 000 m², 18.7 M € HT
- Pôle de santé sud meusien au Centre Hospitalier de Bar-le-Duc, 12 571 m², 18.17 M € HT
- Bâtiment de biologie à l'Hôpital Saint-Antoine à Paris, 10 700 m², 14 M € HT
- Conservatoire national des Arts et Métiers, opération «Synergie» à Saint-Denis, 12 000 m², 10.45 M € HT
- Siège social de la Caisse d'allocations familiales à Paris, 19 000 m², 15.97 M € HT
- Pôle social du Blosnes à Rennes, 3 500 m², 3.4 M € HT

Projekty w trakcie realizacji

- Szpital Św. Karola w Saint-Dié-des-Vosges, 33 000 m², 34 mln € bez wat'u
- Szpital wojskowy Bégin w Saint-Mandé, 46 000 m², 430 łóżek, 69.5 mln € bez wat'u
- Szpital Bailleul w Sablé, 34 000 m², 300 łóżek, 43 mln € bez wat'u
- Oddział techniczny i laboratoryjny w Ośrodku Szpitalnym w Awinionie, 10 100 m², 12.5 mln € bez wat'u
- Ośrodek Matki i Dziecka oraz stacja pogotowia ratunkowego w Szpitalu w Valence, 12 000 m², 18.7 mln € bez wat'u
- Ośrodek zdrowia w Kompleksie Szpitalnym w Bar-le-Duc, 12 571 m², 18.17 mln € bez wat'u
- Budynek Zakładu Biologii w Szpitalu Św. Antoniego w Paryżu, 10 700 m², 14 mln € bez wat'u
- Państwowe Konserwatorium Sztuk i Rzemiosł, operacja "Synergia" w Saint-Denis, 12 000 m², 10.45 mln € bez wat'u
- Siedziba Główna Kasy Zasiłków Rodzinnych w Paryżu, 19 000 m², 15.97 mln € bez wat'u
- Kompleks mieszkań socjalnych w dzielnicy Blosnes w Rennes, 3 500 m², 3.4 mln € bez wat'u

Current studies and projects

- *Saint-Charles Hospital in Saint-Dié-des-Vosges, 33,000 m², 34 million € (excl. Tax)*
- *Bégin Military Hospital in Saint-Mandé, 46,000 m², 430 beds, 69.5 million € (excl. Tax)*
- *Bailleul Hospital in Sablé, 34,000 m², 300 beds, 43 million € (excl. Tax)*
- *Laboratories and technical centre at Avignon Hospital, 10,100 m², 12.5 million € (excl. Tax)*
- *The "Mother and Child" centre and Casualty department at Valences Hospital, 12,000 m², 18.7 million € (excl. Tax)*
- *Sud-Meusien Health Centre at Bar-le-Duc Hospital, 12,571 m², 18.17 million € (excl. Tax)*
- *The Biology building at Saint-Antoine Hospital in Paris, 10,700 m², 14 million € (excl. Tax)*
- *The Conservatoire national des Arts et Métiers (a publicly-funded research institution), operation « Synergie » in Saint-Denis, 12,000 m², 10.45 million € excl. Tax)*
- *The headquarters of France's Housing Support Agency in Paris, 19,000 m², 15.97 million € (excl. Tax)*

- Lycée Simone Weil à Conflans-Sainte-Honorine, 16 400 m², 12.1 M € HT

Principales réalisations
2004
- Ambassade de France à Varsovie, 6 000 m², 16,5 M € HT
- Laboratoire de Biologie nord à la Croix Rousse à Lyon, 10 000 m², 12.10 M € HT
2002
- Immeuble de logements et surfaces d'activités Zac Seine Rive Gauche à Paris, 4 320 m², 4.33 M € HT
2001
- Bibliothèque universitaire de Droit, Lettres et du CIDOPIAL à Bordeaux - Pessac, 2 300 m², 1.90 M € HT
2000
- Hôpital Saint-Joseph à Paris, 40 000 m², 40.8 M € HT
- Bâtiment universitaire « Maintenance Industrielle et Mesures Physiques » à Strasbourg, 7 000 m², 10.74 M € HT
1999
- Hôpital François-Quesnay à Mantes-la-Jolie en collaboration avec René Dottelonde 40 000 m², 400 lits, 61 M € HT
- 37 logements Zac Seine-Rive-Gauche à Paris, 4 320 m², 4.33 M € HT
1998
- Bâtiment universitaire « Locaux, Accueil, Informatique » sur le Campus de Rennes-Villejean, 2 058 m², 2.15 M € HT

- Liceum im. Simone Weil w Conflans-Sainte-Honorine, 16 400 m², 12.1 mln € bez wat'u

Główne projekty
2004
- Ambasada Francuska w Warszawie, 6 000 m², 16,5 mln € bez wat'u
- Laboratorium Biologiczne w dzielnicy la Croix Rousse w Lyonie, 10 000 m², 12.10 mln € bez wat'u
2002
- Budynek mieszkalny i przestrzenie biurowo-handlowe w paryskiej dzielnicy Seine-Rive-Gauche objętej planem zagospodarowania przestrzennego, 4 320 m², 4.33 mln € bez wat'u
2001
- Biblioteka Uniwersytecka Wydziału Prawa, Literatury i Międzyuniwersyteckiego Ośrodka dokumentacji Półwyspu Iberyjskiego i Ameryki Łacińskiej CIDOPIAL w Bordeaux - Pessac, 2 300 m², 1.90 mln € bez wat'u
2000
- Szpital Św. Józefa w Paryżu, 40 000 m², 40.8 mln € bez wat'u
- Budynek wydziału uniwersyteckiego « Konserwacji Przemysłowej i Pomiarów Fizycznych » w Strasburgu, 7 000 m², 10.74 mln € bez wat'u
1999
- Szpital Fráncois-Quesnay w Mantes-la-Jolie przy współpracy René Dottelonde'a, 40 000 m², 400 łóżek, 61 mln € bez wat'u

- Blosnes Social Services Centre in Rennes 3,500 m², 3.4 million € (excl. Tax)
- Simone Veil High School in Conflans-Sainte-Honorine, 16,400 m², 12.1 million € (excl. Tax)

Major projects
2004
- French Embassy in Warsaw, 6,000 m², 16,5 million € (excl. Tax)
- The Biology laboratory at Croix Rousse in Lyon, 10,000 m², 12.1 million € (excl. Tax)
2002
- Condominium and shopping precinct "Zac Seine Rive Gauche" in Paris, 4,320 m², 4.33 million € (excl. Tax)
2001
- Bordeaux University's Library for Law, Literature and CIDOPIAL2, Pessac, 2,300 m², 1.9 million € (excl. Tax)
2000
- Saint Joseph's Hospital in Paris, 40,000 m², 40.8 million € (excl. Tax)
- University building for "Industrial Maintenance and Physical Measurements" in Strasbourg, 7,000 m², 10.74 million € (excl. Tax)
1999
- François-Quesnay Hospital in Mantes-la-Jolie. In partnership with René Dottelonde, 40,000 m², 400 beds, 61 million € (excl. Tax)
- 37 apartments at "Zac Seine Rive Gauche" in Paris, 4,320 m², 4.33 million € (excl. Tax)

1997
• Institut de Pharmacologie et de Biologie structurale à Toulouse, 6 000 m², 6 M € HT
1994
• Centre de formation des apprentis de l'ameublement à Paris, 7 500 m², 5 M € HT
1993
• Laboratoires de l'Institut de Physique et de Chimie des Matériaux à Strasbourg, 7 000 m², 4.33 M € HT
1992
• Collège 600 à Mantes-la-Jolie, 6 100 m², 5.74 M € HT
1990
• Bibliothèque centrale de prêt d'Ille-et-Vilaine à Rennes, 1 400 m², 0.96 M € HT
1986
• Ateliers de maintenance du ministère des Finances à Paris, 14 500 m², 7.72 M € HT
1983
• Pylône hertzien, Fontainebleau, 4 M € HT

• 37 mieszkań w paryskiej dzielnicy Seine-Rive-Gauche objętej planem zagospodarowania przestrzennego, 4 320 m², 4.33 mln € bez wat'u
1998
• Budynek na terenie campusu uniwersyteckiego w Rennes-Villejean (pomieszczenia, recepcja, dział informatyczny) 2 058 m², 2.15 mln € bez wat'u
1997
• Instytut Farmakologii i Biologii strukturalnej w Tuluzie, 6 000 m², 6 mln € bez wat'u
1994
• Centrum kształcenia dekoratorów wnętrz w Paryżu, 7 500 m², 5 mln € bez wat'u
1993
• Laboratoria Instytutu Fizyki i Chemii Materiałów w Strasburgu, 7 000 m², 4.33 mln € bez wat'u
1992
• Gimnazjum 600 w Mantes-la-Jolie, 6 100 m², 5.74 mln € bez wat'u
1990
• Biblioteka Główna w Rennes (departament Ille-et-Vilaine), 1 400 m², 0.96 mln € bez wat'u
1986
• Pracownie naprawy i konserwacji sprzętu technicznego w Ministerstwie Finansów w Paryżu, 14 500 m², 7.72 mln € bez wat'u
1983
• Słup radiowy, Fontainebleau, 4 mln € bez wat'u

1998
• *Rennes University's "Offices, Reception and I.T." building, Villejean Campus, 2,058 m², 2.15 million € (excl. Tax)*
1997
Institute of Pharmacology and Structural Biology in Toulouse, 6,000 m², 6 million € (excl. Tax)
1994
• *Interior Design Training school in Paris 7,500 m², 5 million € (excl. Tax)*
1993
• *Laboratories for the Physics and Materials Chemistry Institute in Strasbourg, 7,000 m², 4.33 million € (excl. Tax)*
1992
• *College 600 in Mantes-la-Jolie, 6,100 m², 5.74 million € (excl. Tax)*
1990
• *Ille-et-Vilaine Central Library in Rennes, 1,400 m², 0.96 million € (excl. Tax)*
1986
• *Maintenance workshops at the Finance Ministry in Paris, 14,500 m², 7.72 million € (excl. Tax)*
1983
• *Hertzian pylon, Fontainebleau, 4 million € (excl. Tax)*

Principaux concours

2005
- Nouvel Hôpital à Noyal-Pontivy
- Nouveau Palais de justice de Pointe-à-Pitre

2004
- Centre Hospitalier National d'Ophtalmologie des Quinze-Vingts à Paris
- Établissements pénitentiaires pour mineurs à Meaux, Lyon, Valenciennes
- Hôpital du Haut-Bugey à Oyonnax

2003
- Université Saint-Jean d'Angély à Nice
- Centre de recherche de l'Institut Pasteur à Paris
- Centre Hospitalier de Valenciennes ; pôle de technologie médicale

2002
- Centre Hospitalier sur le site de Sainte-Musse à Toulon
- Centre d'hébergement d'urgence et logements à Paris (projet lauréat)

1989
- Écoles Normales Supérieures de Fontenay-aux-Roses et de Saint-Cloud
- Centre mondial d'essais et de recherches sur le bois, Paris (projet lauréat)

1983
- Concours du ministère des Finances à Paris, nominé, 2e prix

Główne konkursy

2005
- Nowy szpital w Noyal-Pontivy
- Nowy Pałac Sprawiedliwości w Pointe-ą-Pitre

2004
- Państwowy Szpital Okulistyczny Quinze-Vingts w Paryżu
- Zakłady poprawcze dla nieletnich w Meaux, Lyonie i Valenciennes
- Szpital Haut-Bugey w Oyonnax

2003
- Uniwersytet Saint-Jean d'Angély w Nicei
- Ośrodek badawczy w Instytucie Pasteura w Paryżu
- Ośrodek Szpitalny w Valenciennes ; oddział technologii medycznej

2002
- Ośrodek Szpitalny w dzielnicy Sainte-Musse w Tulonie
- Pogotowie noclegowe dla bezdomnych oraz mieszkania w Paryżu (zwycięski projekt)

1989
- Ecoles Normales Supérieures w Fontenay-aux-Roses i w Saint-Cloud
- Światowy Ośrodek testów i badań nad drewnem, Paryż (zwycięski projekt)

1983
- Konkurs Ministerstwa Finansów w Paryżu, druga nagroda

Major competitions

2005
- *The new Hospital in Noyal-Pontivy*
- *The new courthouse in Pointe-à-Pitre*

2004
- *The National Ophthalmology Centre at Quinze-Vingts in Paris*
- *Juvenile prisons in Meaux, Lyon and Valenciennes*
- *Haut-Bugey Hospital in Oyonnax*

2003
- *Saint-Jean d'Angély University in Nice*
- *Research centre at the Pasteur Institute in Paris*
- *Valenciennes Hospital, the medical technology centre*

2002
- *Hospital on the Saint-Musse site in Toulon*
- *Emergency accommodation centre (laureate project)*

1989
- *Écoles Normales Supérieures (French higher education institutes) in Fontenay-aux-Roses and Saint-Cloud*
- *World Centre for Testing and Research on Wood, Paris (laureate project)*

1983
- *Finance Ministry competition, nominated, 2nd prize*

Bibliographie

• *Bernard Zehrfuss. Rénovation Jean-Philippe Pargade. Ambassade de France à Varsovie*, avec un texte de François Lamarre « L'histoire mouvementée d'une représentation française », Editions Jean-Michel Place-architecture-archives, Paris, 2004

Revue de presse

Presse française

• *Citizen K*, « Chancellerie de choc », Pierre Doze, trimestriel juin, juillet, août 2005.
• *Sud-Ouest*, « Il dessine dans le paysage », Régine Magné, 29 avril 2005, pp. 1-11
• *Newsletter d'Archicool*, « L'Ambassade de France à Varsovie », Jérôme Auzolle, 16 mars 2005, n°478.
• *Cyberarchi*, Christophe Leray, mars 2005
• *D'A*, « Réhabilitation de l'ambassade de France à Varsovie », Emmanuel Caille, mars 2005, n° 144, p. 66-67
• *Le Moniteur*, « Fonte d'aluminium en panneaux de façade », Jacques-Franck Degioanni, 25 février 2005, n°5283, p. 65
• *Les Échos*, « L'Ambassade de France réinventée », Florence Accorsi, 22 février 2005
• *Techniques & Architecture*, « Créer des liens, ambassade de France à Varsovie (Pologne) », Jean-François Pousse, décembre 2004/janvier 2005, n° 475, pp. 54-59

Bibliografia

• *Bernard Zehrfuss. Rénovation Jean-Philippe Pargade. Ambassade de France à Varsovie*, z tekstem François Lamarre'a : « L'histoire mouvementée d'une représentation française », Editions Jean-Michel Place-architecture-archives, Paryż, 2004

Przegląd prasy

Prasa francuka

• *Citizen K*, « Chancellerie de choc », Pierre Doze, trójmiesięcznik czerwiec, lipiec, sierpień 2005.
• *Sud-Ouest*, « Il dessine dans le paysage », Régine Magné, 29 kwietnia 2005, s.1-11
• *Newsletter d'Archicool*, « L'Ambassade de France à Varsovie », Jérôme Auzolle, 16 maja 2005, n°478.
• *Cyberarchi*, Christophe Leray, marzec 2005
• *D'Architecture*, « Réhabilitation de l'ambassade de France à Varsovie », Emmanuel Caille, marzec 2005, n° 144, s. 66-67
• *Le Moniteur*, « Fonte d'aluminium en panneaux de façade », Jacques-Franck Degioanni, 25 lutego 2005, n°5283, s.65
• *Les Echos*, « L'Ambassade de France réinventée », Florence Accorsi, 22 lutego 2005
• *Techniques & Architecture*, « Créer des liens, ambassade de France à Varsovie (Pologne) », Jean-Fráçois Pousse, grudzień 2004/styczeń 2005, n° 475, s.54-59

Bibliography

• *Zehrfuss, B. (2004)* Rénovation Jean-Philippe Pargade. Ambassade de France à Varsovie, *including a contribution by François Lamarre « L'histoire mouvementée d'une représentation française »*, Paris: Jean-Michel Place-architecture-archives.

Press review

French press

• *Citizen K*, « Chancellerie de choc », Pierre Doze, quarterly June, July, August 2005.
• Sud-Ouest, *« Il dessine dans le paysage », Régine Magné, 29th April 2005, pp.1-11*
• Newsletter d'Archicool, *« L'Ambassade de France à Varsovie », Jérôme Auzolle, 16th May 2005, n°478.*
• Cyberarchi, *« Ambassade de France à Varsovie », Christophe Leray, March 2005.*
• D'Architecture, *« Réhabilitation de l'ambassade de France à Varsovie », Emmanuel Caille, March 2005, n° 144, pp. 66-67*
• Le Moniteur, *« Fonte d'aluminium en panneaux de façade », Jacques-Franck Degioanni, 25th February 2005, n°5283, p.65*
• Les Échos, *« L'Ambassade de France réinventée », Florence Accorsi, 22nd February 2005*

• *Archiscopie*, « Restauration du patrimoine moderne. L'ambassade de France à Varsovie », Martin Lucas, décembre 2004, pp. 18-19
• *Le Figaro*, « Les années 60-70 revisitées », Francis Rambert, 9 avril 2002, p. 28
• *Les Échos*, « Décollage du vaisseau de l'ambassade de France à Varsovie », François Lamarre, 12 avril 2001, p. 51
• *D'Architecture*, « Ambassade de France d'après Zehrfuss », Francis Rambert, janvier-février 2001, n° 108, p. 36-37
• *L'acier pour construire*, « Portiques habités », François Lamarre, juillet 2001, n° 70, p. 35-41.

Presse étrangère

• *Il Giornale dell'architettura*, « Zehrfuss ingentilito per ragion di stato », n°29, maggio 2005, p. 20
• *Intramuros*, « Prouvé rénové », avril 2005, n° 117
• *Art West International*, « L'ambassade France à Varsovie », Ralph-Peter Westphal, mars 2005, n°33
• *Architektura Murator*, « Ambasada Francji w Warszawie », Grzegorz Stiasny, février 2005, p. 29-37 et p. 46-49
• *GazetaWyborcza Stołeczna*, « Nowoczesna dyplomacja », Dariusz Bartoszewicz, 19 listopada 2004

• *Archiscopie*, « Restauration du patrimoine moderne. L'ambassade de France à Varsovie », Martin Lucas, grudzień 2004, s.18-19
• *Le Figaro*, « Les années 60-70 revisitées », Francis Rambert, 9 kwietnia 2002, s. 28
• *Les Échos*, « Décollage du vaisseau de l'ambassade de France à Varsovie », François Lamarre, 12 kwietnia 2001, s. 51
• *D'Architecture*, « Ambassade de France d'après Zehrfuss », Francis Rambert, styczeń-luty 2001, n° 108, s. 36-37
• *L'acier pour construire*, « Portiques habités », François Lamarre, lipiec 2001, n° 70, stz. 35-41.

Prasa zagraniczna

• *Il Giornale dell'architettura*, « Zehrfuss ingentilito per ragion di stato », n°29, maj 2005, s. 20
• *Intramuros*, « Prouvé rénové », kwiecień 2005, n°117
• *Art West International*, « L'ambassade de France ą Varsovie », Ralph-Peter Westphal, marzec 2005, n°33
• *Architektura Murator*, « Ambasada Francji w Warszawie », Grzegorz Stiasny, luty 2004, s. 29-37 et s. 46-49
• *Gazeta Wyborcza Stołeczna*, « Nowoczesna dyplomacja », Dariusz Bartoszewicz, 19 listopada 2004
• *Rzeczpospolita*, « Piękniej na Pięknej », AIG, 19 listopada 2004

• Techniques & Architecture, *« Créer des liens, ambassade de France à Varsovie (Pologne) »*, Jean-François Pousse, *December 2004 / January 2005, n° 475, pp.54-59*
• Archiscopie, *« Restauration du patrimoine moderne. L'ambassade de France à Varsovie »*, Martin Lucas, *December 2004, pp.18-19*
• Le Figaro, *« Les années 60-70 revisitées », Francis Rambert, 9th April 2002, p. 28*
• Les Échos, *« Décollage du vaisseau de l'ambassade de France à Varsovie », François Lamarre, 12th April 2001, p. 51*
• D'Architecture, *« Ambassade de France d'après Zehrfuss », Francis Rambert, January-February 2001, n° 108, pp. 36-37*
• L'acier pour construire, « Portiques habités », François Lamarre, July 2001, n° 70, p. 35-41.

International press

• Il Giornale dell'architettura, *« Zehrfuss ingentilito per ragion di stato », n°29, May 2005, p.20*
• Intramuros, *« Prouvé rénové », April 2005, n°117*
• Art West International, *« L'ambassade France à Varsovie », Ralph-Peter Westphal, March 2005, n°33*

• *Rzeczpospolita*, « Piękniej na Pięknej », AIG, 19 listopada 2004

• *Zycie Warszawy*, « Francuska odmiana przy Pięknej », Daniel Zysk, 19 listopada 2004

• *Trybunya*, « Nowy stary budynek », MSZ, 19 listopada 2004

• *Fakt*, « Francuzi maja nową ambasadę », KK, 19 listopada 2004

• *Gazeta Wyborcza Stołeczna*, « Została goła struktura », Dariusz Bartoszewicz, 3 czerwca 2003

• *Życie Warszawy*, « Francuska odmiana przy Pięknej », Daniel Zysk, 19 listopada 2004

• *Trybuna*, « Nowy stary budynek », MSZ, 19 listopada 2004

• *Fakt*, « Francuzi maja nową ambasadę », KK, 19 listopada 2004

• *Gazeta Wyborcza Stołeczna*, « Została goła struktura », Dariusz Bartoszewicz, 3 czerwca 2003

• Architektura Murator, *« Ambasada Francji w Warszawie »*, Grzegorz Stiasny, February 2004, pp. 29-37 and pp. 46-49

• Gazeta Wyborcza Stołeczna, *« Nowoczesna dyplomacja »*, Dariusz Bartoszewicz, 19th November 2004

• Rzeczpospolita, *« Piękniej na Pięknej »*, AIG, 19th November 2004

• Zycie Warszawy, *« Francuska odmiana przy Pięknej »* Daniel Zysk, 19th November 2004

• Trybunya, *« Nowy stary budynek »*, MSZ, 19th November 2004

• Fakt, *« Francuzi maja nową ambasadę »*, KK, 19th November 2004

• Gazeta Wyborcza Stołeczna, *« Została goła struktura »*, Dariusz Bartoszewicz, 3rd June 2003

Crédits - remerciements

Jean-Philippe Pargade et Luciana Ravanel remercient pour son soutien **le ministère des Affaires étrangères**

et tout particulièrement **Michel Aubry**, Sous-Directeur de la Communication à la Direction de la Communication et de l'Information au ministère des Affaires étrangères, **Laurent Pascual**, Chef de projet au ministère des Affaires étrangères détaché à Varsovie,

et pour leur collaboration à la réalisation de cet ouvrage **Pierre Ménat**, Ambassadeur de France à Varsovie,

ainsi que **Cyril Bouyeure**, Premier Conseiller, **Jean-Yves Potel**, Conseiller de Coopération et d'Action culturelle, et **Christine Gaudaire**, Chef du Service administratif et financier, à l'**Ambassade de France à Varsovie**

Ils remercient les entreprises qui ont participé à cette publication **Laubeuf SA**, **Ligne et Couleur**, **Menintime**, **Rabot Dutilleul**, **RD bud**, **Technip Tps**

et plus particulièrement **Éric Agnello**, **Hélène Cortan**, **Jean-François Craye**, **Michel Depeyre**, **Jean-François Dutilleul**, **Christian Fabre**, **Jeanne-Marie Gauthier**, **Janusz Jakubowski**, **Joseph Nassour**, **Colette Oger, Paul Pereira**, **Jean-Pierre Sternheim**

Mobiliers de bureaux, guéridons et tables de réunion sont signés **Menintime - Paris, Design Vincent Rouillard**

Ils remercient chaleureusement **Marc Emery** et **Michal Kozielewski** pour leur collaboration à la réalisation de cet ouvrage.

Gratitude est exprimée aussi à tous ceux qui composent l'agence Jean-Philippe Pargade, **Caroline Rigaldies**, associée, **Roman Gala**, **Marie-France Baldran**, **Samuel Neves**, **Olivier Jaubert**, **Birgit Eistert**, **Patricia Déterville**, **Stéphane Curtelin**

et le bureau d'études Technip Tps **François Geburtig, Michel Doucet, Éric Falleur, Dominique Tenart, Ismaël Youssouf**

et à tous ceux qui ont contribué de près à la réalisation du projet **David Besson Girard**, paysagiste **Alexis Coussement**, éclairagiste **Isabelle Crosnier**, programmiste **Nicholas Green**, ingénieur façades **Michel Puig**, économiste **Alex Singer**, signalétique **Albino Taravella**, acousticien **Adam Wojcik**, Coplan Polska

Autorzy zdjęć - Podziękowania

Jean-Philippe Pargade i Luciana Ravanel dziękują za wsparcie **Ministerstwu spraw Zagranicznych**

a w szczególności
Michel'owi Aubry, z-cy Dyrełtora ds. komunikacji i Departamencie Komunikacji i Informacji w Ministerstwie spraw Zagranicznych,
Laurent Pascual, Szefowi Projektu w Ministerstwie spraw Zagranicznych oddelegowanemu do Warszawy,

oraz za ich współpracę przy realizacji tego obiektu
Pierre'owi Ménat, Ambasadorowi Francji w Warszawie,

oraz
Cyril'owi Bouyeure, Pierwszemu Doradcy, **Jean-Yves Potel**, Doradcy ds. współpracy i spraw kulturalnych,
Christine Gaudaire, Szefowej Działu administracyjnego i finansowego,
przy **Ambasadzie Francuskiej w Warszawie**,

Podziękowania dla przedsiębiorstw, które brały udział w tym przedsięwzieciu :
Laubeuf SA, **Ligne et Couleur**, **Menintime**, **Rabot Dutilleul**, **RD bud**, **Technip Tps**

a w szczególności
Éric Agnello, **Hélène Cortan**, **Jean-François Craye**, **Michel Depeyre**, **Jean-François Dutilleul**, **Christian Fabre**, **Jeanne-Marie Gauthier**, **Janusz Jakubowski**, **Joseph Nassour**, **Colette Oger**, **Paul Pereira**, **Jean-Pierre Sternheim**

Meble biurowe, stoliki i stoły zebraniowe zostały stworzone przez **Menintime - Paris, Design Vincent Rouillard**

Gorące podziękowania dla **Marc'a Emery** i **Michała Kozielewskiego** za ich wyjątkowy udział w realizacji książki

Wyrazy wdzięczności dla współpracowników Jean-Philippe'a Pargade'a a w szczególności :
Caroline Rigaldies, **Roman Gala**, **Marie-France Baldran**, **Samuel Neves**, **Olivier Jaubert**, **Birgit Eistert**, **Patricia Déterville**, **Stéphane Curtelin**

i dla biura projektów Technip TPS
François Geburtig, Michel Doucet, Éric Falleur, Dominique Tenart, Ismaël Youssouf

i dla tych wszystkich którzy z bliska przyczynili się do powstania projektu :
David Besson Girard (pejzażysta)
Alexis Coussement (oświetlenie)
Isabelle Crosnier (programista)
Nicholasowi Green (inzynier fasad)
Michel Puig (ekonomista)
Alex Singer (oznakowanie)
Albinowi Taravelli (akustyk)
Adamowi Wójcikowi (Coplan Polska)

Credits - Thanks

Jean-Philippe Pargade and Luciana Ravanel would like to thank for its support **the Ministry of Foreign Affairs**

and in particular
Michel Aubry, Assistant Director of Communications at the Communications and Information Division of the Ministry of Foreign Affairs,
Laurent Pascual, Project Chief at the Ministry of Foreign Affairs, seconded to Warsaw,

and the following for their co-operation in carrying out these construction works
Pierre Ménat, the French Ambassador to Warsaw,

as well as
Cyril Bouyeure, First Counsellor,
Jean-Yves Potel, Counsellor for Cultural Cooperation and Action,
and
Christine Gaudaire, Head of the Administrative and Financial Service, at the **French Embassy in Warsaw**

They would like to thank the following companies which took part in this publication **Laubeuf SA, Ligne et Couleur, Menintime, Rabot Dutilleul, RD bud, Technip Tps**

and in particular
Éric Agnello, Hélène Cortan, Jean-François Craye, Michel Depeyre, Jean-François Dutilleul, Christian Fabre, Jeanne-Marie Gauthier, Janusz Jakubowski, Joseph Nassour, Colette Oger, Paul Pereira, Jean-Pierre Sternheim

Office furniture: desks, lounge and various conference tables by **Menintime - Paris,** Design Vincent Rouillard

Warmely thank to **Marc Emery** and **Michal Kozielewski** for the contribution to the realisation of this book

They would also like to offer their thanks to all those within Jean-Philippe Pargade's firm
Caroline Rigaldies (partner)
Roman Gala, Marie-France Baldran, Samuel Neves, Olivier Jaubert, Birgit Eistert, Patricia Déterville, Stéphane Curtelin

and the Research department Technip TPS
François Geburtig, Michel Doucet, Éric Falleur, Dominique Tenart, Ismaël Youssouf

and all those who contributed considerably to the project's implementation
David Besson Girard, the landscape gardener
Alexis Coussement, the lighting engineer
Isabelle Crosnier, the programme supervisor
Nicholas Green, the facades engineer
Michel Puig, the economist
Alex Singer, the signage
Albino Taravella, the acoustician
Adam Wojcik, Coplan Polska

Auteurs / Autorzy / *Authors*:
François Lamarre
Aleksandra Stepnikowska

Conception de l'ouvrage et design graphique /
Koncepcjai opracowanie graficzne / *Conception &
Graphic design:*
Franck Tallon
Assistante / Asystent / *Assistant:*
Emmanuelle March

Production et réalisation / Produkcja / *Production:*
Ante Prima Consultants, Paris
Direction de l'ouvrage / Menadzer / *Project
manager:*
Luciana Ravanel
Coordination et relectures / Sprawdzenie //
Co-ordination and texts supervision:
Sabine Krafft

Traductions / Przekład / *Translations*
Du français vers le polonais et du polonais vers
le français / Z polskiego na francuski i z
francuskiego na polski / *From french to polish and
from polish to french:*
Natalia Krasicka
Du français vers l'anglais / Z francuskiego
na angielski / *From french to english:*
Marc Emery
Daniel Nicholls

Crédits photographiques / Autorzy zdjęć /
Illustrations credits:
Agence Jean-Philippe Pargade : pp. 32-33,
36-37, 40-41, 44-45, 48-49, 52 (Ville de Varsovie),
53 (bottom: David Besson Girard), 110-111.
Jean Biaugeaud : p. 19.
Michel Denancé : pp. 22-23, 28 (top-left),
48 (top-left).
Georges Fessy : back cover, pp. 2-3, 8-9, 80-81,
89, 91, 101-105 (103 top-left), 114-115.
Nicolas Grospierre : front cover, pp.14-15, 28-29,
32-33, 64-65, 68-69, 72-73, 76-77, 84-85, 88, 90,
92-100, 103, 106-109, 112-113.
Georges Rousse : pp. 116-117.

Éditions / Wydawca / *Publisher:*
Archives d'Architecture Moderne
Rue de l'Ermitage 55
1050 Bruxelles (BE)
http://www.aam.be

Impression / Pruk / *Printing:*
BM, Canéjan (33), France.

© 2005 AAM / Jean-Philippe Pargade /
Ante Prima / Franck Tallon

ISBN : 2-87143-163-9
dépôt légal : D/2005/1802/13